中国八大诗人

胡怀琛◎著

文化发展出版社
Cultural Development Press

图书在版编目（CIP）数据

中国八大诗人 / 胡怀琛著. —北京：文化发展出版社，2022.1

ISBN 978-7-5142-2937-0

Ⅰ. ①中… Ⅱ. ①胡… Ⅲ. ①诗人－生平事迹－中国－古代 Ⅳ. ① K825.6

中国版本图书馆 CIP 数据核字（2022）第 003506 号

中国八大诗人

胡怀琛 著

责任编辑：周 晏　　责任校对：岳智勇
责任印制：邓辉明　　装帧设计：张合涛
出版发行：文化发展出版社（北京市翠微路 2 号　邮编：100036）
网　　址：www.wenhuafazhan.com
经　　销：全国新华书店
印　　刷：北京昌联印刷有限公司

开　　本：880mm × 1230mm　1/32
字　　数：142 千字
印　　张：6
版　　次：2022 年 4 月第 1 版
印　　次：2024 年 1 月第 2 次印刷
定　　价：36.00 元
I S B N：978-7-5142-2937-0

如有印装质量问题，请电话联系：010-83600578

自 序

我在介绍这八位诗人给读者以前，我要先说几句应该说的话：

第一，我不是说中国只有这八位诗人，不过以为这八位顶重要罢了。

第二，八位之中，各有一种特色。我并不曾戴了我自己的眼镜，去看他们。各人的好处，虽则有时立在相反的地位；我并不去此取彼，或去彼取此。

第三，是以他们生存的时代前后为次序的。

第四，每一个人作一篇，合成此书。各篇体例，不能一律；篇幅长短，更不能一样。我为着便于叙述起见，宁可使形式不整齐，不肯受形式的支配。

第五，对于屈灵均、陶渊明、李太白三家，已有他人作过有系统的论文了。我对于他们，表示同意的地方，我在这里便不再说了。我对于他们怀疑的地方，我也用怀疑的态度，说明我自己的见解。

第六，在这八位以外，再有韩昌黎和黄山谷，我想有许多人以为应该加入的。然我以为韩昌黎，只不过形式上有一种特别的地方，在实质上并没有特色。黄山谷上承杜子美，下启陆放翁；然既不及子美，又不如放翁，除了以字句生硬为特色外，实质上也没有特别的地方。论他偏僻的性情，又是屈灵均的一小支。从各方面看起来，二人都没有加入的可能，所以便不加入了。

第七，我于这八位诗人，不仅就本人而论，也说到他们诗学的渊源和支派。所以虽说只有八人，但是所论及的还有许多人。

第八，苏东坡以前六人，想是大家都不怀疑的，以为他们的诗，是有价值。而于陆放翁及王渔洋，或者还有许多人要怀疑，以为没有什么可取的地方。却不知放翁的写实、渔洋的温柔敦厚，确是他们的特色，是我们所应该佩服的。

以外没有什么要说的话了。书中不对的地方，想不能免，请读者赐教吧！

民国十三年二月，胡怀琛自序

题　词

阴历甲子新年，闭门无事，取古人诗集读之；得我所最心折者八家，察其人之性情环境，论其诗之特色，并渊源支派，共得三四万字，编次成书。既毕，总题六绝句于卷端。

屈子《离骚》号《楚辞》，南方文派此宗师。一编哀艳兼幽怪，湘雨巫云万古悲。（右屈灵均）

浩然元气在胸中，流露成文自不同。便说青莲少含蓄，未能平淡步陶公。（右陶渊明、李太白）

写实诗篇语却工，千秋此派几人同？自从杜少陵之后，有个山阴陆放翁。（右杜子美、陆放翁）

街头孩子村间妇，解唱香山粗俗诗。毕竟只怜

《长恨曲》，谁知讽谕有微词！（右白香山）

大苏才力亦奇雄，一吐胸怀气似虹。参到甚深微妙处，禅心诗意本相通。（右苏东坡）

敦厚温柔三百篇，风人微旨忆当年。可怜多少谈诗客，谁知渔洋是嫡传！（右王渔洋）

目录 Contents

屈灵均

（一）

中国的诗歌，发生很早。如今所流传的篇章，有尧、舜时的《击壤歌》《南风歌》等这些作品，有人说是真的；有人说是假的；也有人说连尧、舜，也没有这些人，又何况《击壤歌》和《南风歌》呢。

这些作品，是真是假，虽不可知；然但就孔子所删定的三百篇看，已可算是洋洋大观了。不过三百篇的诗，到如今虽然存在；三百篇的作者是谁，到如今已不可考了。而且那时候虽然有偶尔作诗的人，而没有以作诗著名的诗人。中国有专门诗人，要算是从屈原起。屈原的生卒年月、事迹、文学作品等，在今日也发生了疑问。许多名人，如胡适之、梁任公等，都细细地研究讨论过。我所见过的，有下面所列的几种：

胡适之的《读楚辞》，在《努力周报》附刊的《读书杂志》内。

梁任公的《屈原研究》，在《梁任公学术讲演集》第三辑内。

谢无量的《楚辞新论》，《国学小丛书》本。

陆侃如的《屈原》，单行本。

他们四位先生，已说得很详细了，我没有再说的必要。就是再说，也不能超出他们的范围以外。不过他们四位先生，对于《楚辞》和中国诗学的关系，比较地说得太少。至多说了一句《诗经》是北方的文学，《楚辞》是南方的文学罢了。

我如今便拣他们所不曾说及的，来说一说，以补他们之缺。便是说一说《楚辞》和汉、唐以后诗学的关系。至于屈原事迹等，他们已经说过了的，我不再说。读者要知道时，可以参看他们的大作。除了胡适之《读楚辞》一篇，如今不容易购得而外，其他三种，都是很容易购买的。

（二）

屈原的事迹，我们所拿来做考证的根据的，是《史记》里的一篇《屈贾列传》。这篇传，有许多话是空话，也有许多话是不可相信的话。这话说起来很长，现在不必多说，只将谢无量考定了重作的一篇简单的《屈原小传》，录在这里，以见屈原之为人。

> 屈原，楚同姓。事楚怀王，颇见信任。因草宪令，被谗见疏。不久召还，参与外交事务；他的主张，是拒秦，联齐。曾出使齐国。怀王将入秦，他也力谏，不听。后怀王久留秦，楚国无主；屈原愤恨他的政策不行，作《离骚经》，有怨刺的意思。襄王即位，屈原又被谗再放逐，在沅湘之间，九年不返。因自沉汨罗江死。

谢无量这篇简单的《屈原小传》，很为适当。读者只需读了这篇小传，差不多已经够了。不过“屈原名平，字灵均”，这几个字，是应补入的。

屈原的作品，自然是以《离骚》为主要。此外再有《卜居》《渔父》等篇。再有《九歌》，本为楚人祀神的乐歌，而屈原替他改作的。后来他的弟子宋玉、景差及汉朝贾谊等，仿他所作的作品，统名为《楚辞》。如今流传的，以王逸注的《楚辞》，为最古的本子。再后来注解的人很多，不及遍举。关于这一层，可参看胡适之的《读楚辞》第二段，及谢无量的《楚辞新论》第三章。我这里不多说了。下文单说屈原和汉、唐以后诗学的关系。

（三）

《楚辞》所包涵的第一种特点，就是说神话。《九歌》本来为祀神而作，不消说了。就是《离骚》，也有许多的神话。如云：

> 吾令羲和弭节兮，望崦嵫而勿迫。
>
> ……
>
> 前望舒使先驱兮，后飞廉使奔属。
>
> 鸾凰为予先戒兮，雷师告予以未具。
>
> 吾令凤鸟飞腾兮，继之以日夜。

又云：

> 吾令丰隆乘云兮，求宓妃之所在。

又云：

> 望瑶台之偃蹇兮，见有娀之佚女。

羲和、望舒、飞廉、丰隆、雷师等，都是后世神怪小说（如《封神传》）里的名词。宓妃、有娀佚女也是神话。《九歌》里的什么东皇太一，什么湘夫人，什么国殇等，更不必说了。这些神话，是《诗经》里所绝对没有的。《诗经》里的神是天，《诗经》里的鬼是祖宗。从天与祖宗的方面演不出离奇怪诞的神话来，从东皇太一、湘夫人一方面，便可以演得出离奇怪诞的神话来了。

从此以后，中国的诗歌里，便添了许多神话，首先受屈原的影响的，就是曹子建，他的《洛神赋》，不就是神话么？

再后诗歌里夹杂神话的，要算李太白和李义山，最为显著。李太白的《梦游天姥吟留别》云：

> ……
>
> 洞天石扉，訇然中开。
>
> 青冥浩荡不见底，日月照耀金银台。
>
> 霓为衣兮风为马，云之君兮纷纷而来下。
>
> 虎鼓瑟兮鸾回车，仙之人兮列如麻。
>
> ……

李太白的风为马、鸾回车，不就是《离骚》里的鸾凰为先戒、望舒（望舒，风神名）先驱么？

李义山的《嫦娥》云：

> 云母屏风烛影深，长河渐落晓星沉。
>
> 嫦娥应悔偷灵药，碧海青天夜夜心。

李义山的嫦娥，不就是《离骚》里的宓妃、有娀佚女之流么？

（四）

《楚辞》的第二种特点，就是说牢骚话，表现孤僻的性情。

说牢骚话，在《国风》《小雅》里也有的；后人拿诗歌发牢骚，不单是受了屈原的影响。表现孤僻的性情，在《诗经》里没有的；在《楚辞》里，却随处表现出他自己孤僻的性情来。如云：

纷吾既有此内美兮，又重之以修能。
扈江蓠与辟芷兮，纫秋兰以为佩。

又云：

朝饮木兰之堕露兮，夕餐秋菊之落英。
苟余情其信姱以练要兮，长颇颔亦何伤。

又云：

謇吾法夫前修兮，非时俗之所服。
虽不周于今之人兮，愿依彭咸之遗则。

又云：

制芰荷以为衣兮，集芙蓉以为裳。
不知吾其亦已兮，苟予情其信芳。
高余冠之岌岌兮，长余佩之陆离。
芳与泽其杂糅兮，唯昭质其犹未亏。

诸如此类的地方很多，都是充分地表现他高洁的性情。屈原自杀，一半固由于受了环境的逼迫，一半也由于他的天性孤僻，不和俗人相投。这种孤僻的性情，充分地在诗歌里表现出来，这是《诗经》里所没有的。或者有这样的作品，也被孔子删掉了。因为孔子要拿《诗经》做教化的工具；这样地充分表现孤僻的性情，和处世接人，很不相宜，所以一例删掉了。就是前节所说的神话，照理在初民时代的诗歌里，也不能没有。《诗经》里没神话，一定也是被孔子删掉了。《论语》里说："子不语：怪、力、乱、神。"诗歌里的神话，哪有不删去的道理呢。

自从《离骚》出现以后，屈原拿它将自己孤僻的性情，充分地表现出来。后人读了他的作品，当然要受了他的感化，犯了传染病。其中受传染病顶深的，要算是唐朝的孟东野（孟郊）、李长吉（李贺）二人。

孟郊的性情，非常寒酸；李贺的性情，非常幽怪。但看苏东坡"郊寒岛瘦"四字的批评，和后人称"长吉是鬼才"的一句话，便可以知道了。而且孟郊、李贺二人诗歌的外表，也是出于《离骚》。这是可以举他们的诗来证明的。比如孟郊的《巫山高》云：

> 见尽数万里，不闻三声猿。
> 但飞萧萧雨，中有亭亭魂。
> 千载楚襄恨，遗文宋玉言。
> 至今青冥里，云结深闺门。

按《九歌》云："令飘风兮前驱，使冻雨兮洒尘。君回翔兮以下，逾空桑兮从女。"东野从这里四句，化成"但飞萧萧雨"两句。又云："云容容兮而在下，杳冥冥兮羌昼晦。"东野从这里两句，化成"至今青冥里，云结深闺门"两句。痕迹显然可见。又东野的《独愁》云：

前日远别离，昨日生白发。
欲知万里情，晓卧半床月。
常恐百虫鸣，使我芳草歇。

按《离骚》云："恐鹈鴂之先鸣兮，使夫百草为之不芳。"东野从这两句化成"常恐百虫鸣"两句，也极容易看得出。这样相似的地方很多，不及遍举。

再说李贺，他的《苏小小墓》一首，最容易看得出他所受的《楚辞》的影响。《苏小小墓》的诗云：

幽兰露，如啼眼。
无物结同心，烟花不堪剪。
草如茵，松如盖。
风为裳，水为珮。
油壁车，夕相待。
冷翠竹，劳光彩。
西陵下，风雨吹。（吹字读去声，与彩、待等字为韵，俗作"吹雨"非是）

按这首诗，词旨凄绝，满纸鬼气，固然似《楚辞》中之《九歌》；而草茵、松盖、风裳、水珮，都是《离骚》中的字眼。

本来李长吉的诗，出于《离骚》，在以前已有许多人说过了。《渔隐丛话》曾说："李长吉诗出于《离骚》。"而杜牧所作的《长吉集序》，已经说道："使贺且未死，少加以理，奴仆命《骚》可也。"不过孟东野诗，出于《离骚》，前人却没有说过。这是我最近看出来的。大概东野的性情寒酸，长吉的性情幽怪；总之都是孤僻，都是不近人情，和屈原是一样的。

再后梅尧臣的简淡、黄庭坚的生硬，又是从孟郊、李贺变化而来的了。凡后世不近人情的个性，发表在诗歌里，多少总和屈原有些关系。

个性是天生成的，假使没有屈原也会有孟郊、李贺、梅尧臣、黄庭坚等人的个性。但是没有《离骚》，恐怕他们受了《诗经》的陶冶，潜移默化，便不会将个性表现在诗歌里。便是表现出来，也不会有这样的充分。

这种充分地表现个性，照新文学说起来，当然算是好，不算是坏。若拿诗教的眼光来看，却又不能说是好。因为充分地发展不近人情的个性，到后来变成曲高和寡，彼此不相投洽；而社会上必现出一种冷淡的状态来。这不是好现状。

两样的说法不同，到底谁是谁非，我也不敢下一句断语。

（五）

《楚辞》里的第三种特点，就是喜用艳丽的字。后来经过李义山、温飞卿、韩致尧等人的仿效，而演为后世香艳诗。义山尚有寄托，飞卿则但得浮艳；此后香艳诗，更不足道了。

后世作艳体诗的人，无论作得如何坏，无论作得如何淫荡，在自己说起来，总是开口温、李，闭口屈、宋。这可算是屈原害了他们。然屈原是“好色不淫，怨诽不乱”。后人好色而至于淫，这应是屈原所痛恨的事了。

由《楚辞》的一部，而流为后世的艳体诗，差不多人人都知道，这里不必引诗为证。

据我的观察，《楚辞》和后世诗歌的关系是如此。谢无量先生说：《楚辞》里有两种思想：一种是爱国的思想，另一种是超人间的思想，也与后世的诗歌有很大的关系。他所说的超人间的思想，就是我所说的神话。他所说的爱国思想，他也有他的理由，读者可以参看。

陶渊明

（一）

在屈灵均以后的诗人，就要算陶渊明了。陶渊明生在晋朝时代，比屈灵均要后得多。他的事迹也不像屈灵均那样发生疑问。关于他的个性及文学作品等，已有了梁任公作的一本《陶渊明》，已说得很明白。

我如今所说的，也就是陶诗和后世诗学的关系，为梁任公所不曾说及的；有一二处，是对于梁任公怀疑的。

（二）

陶渊明的简单小传，就是下面那几行："陶潜，字渊明，又名元亮。晋浔阳柴桑人。大司马陶侃之曾孙。少有高趣，超绝尘俗。尝作《五柳先生传》自况。尝为彭泽令，在官才数十日，郡遣督邮至，县吏谓应束带相见；陶公叹曰：我不能为五斗米，折腰向乡里小儿。即日解印绶，赋《归去来辞》以见志。躬耕自给，安贫乐道。性喜酒，爱菊，以此自放。宋元嘉中卒，年六十三岁（梁任公谓只五十六岁）。世号靖节先生，梁昭明太子喜读公诗文，曾编纂为集。"

这就是陶渊明的简单小传了。他详细的事迹，梁任公的《陶渊明年谱》，叙得很清楚。关于他的集子的异同，梁任公的《陶集考证》，也叙得很清楚（《陶渊明年谱》与《陶集考证》，即梁任公所著的《陶渊明》书中的两部分）。关于他的个性及思想，除了随时在诗歌里表现以外，再有三篇著名的文。就是：第一篇是《五柳先生传》，第二篇是《归去来辞》，第三篇是《桃花源记》。这三篇文，差不多读过几篇古文的人，都会晓得。就是没有见过，要去找来看，也极容易。我这里可不必转载了。

（三）

陶渊明的人格，高超冲淡，差不多人人都知道的。而梁任公以为有三点，应特别注意。第一，须知他是位极热烈、极有豪气的人。引他《咏荆轲》诗，及“少时壮且厉，抚剑独行游”等句为证。第二，须知他是位缠绵悱恻、最多情的人。引他的《祭程氏妹文》《祭从弟敬远文》《与子俨等疏》，及《移居》《停云》等诗为证。第三，须知他是位极严正，道德责任心极重的人。引他的《荣木》诗，及“少年罕人事，游好在六经。行行向不惑，淹留竟无成”等诗为证。梁任公以为这三项，都是陶渊明全人格中潜伏的特性；而他的做人，以儒学为立脚地，而与当时的玄学佛学相融化，生出他自已独得的人生见解来，造成他的人格，表现在他的文学里。

拿这几句简单的话，评论陶渊明，差不多已经够了。而我以为再简单地说一句，就是：陶渊明的人格和文学作品，都是与自然同化。说一句时髦话：陶渊明可算是中国的泰戈尔。读者不信，细读两人的作品，便可以知道了。

（四）

陶渊明胸次高绝，包罗万象：胸中元气流露，自然成文。在那时可说是集诗歌之大成。凡晋以前诗歌实质上所有之特点，渊明无不有了；而又能造成一种与自然同化的创作。前节所说的表现在诗歌里的三种特点，固然不错；然这种特点，不过是偶一流露罢了。究竟渊明诗歌的本色，还是《九日闲居》《归田园居》《饮酒》等诗。《九日闲居》云：

世短意常多，斯人乐久生。日月依辰至，举俗爱其名。

露凄暄风息，气澈天象明。往燕无遗影，来雁有余声。
酒能祛百虑，菊为制颓龄。如何蓬庐士，空视时运倾？
尘爵耻虚罍，寒华徒自荣。敛襟独闲谣，缅焉起深情。
栖迟固多娱，淹留岂无成。

《归园田居》，原有六首；然末首疑是伪托。其他五首云：

少无适俗韵，性本爱丘山。误落尘网中，一去三十年。
羁鸟恋旧林，池鱼思故渊。开荒南野际，守拙归园田。
方宅十余亩，草屋八九间。榆柳荫后檐，桃李罗堂前。
暧暧远人村，依依墟里烟。狗吠深巷中，鸡鸣桑树巅。
户庭无尘杂，虚室有余闲。久在樊笼里，复得返自然。

野外罕人事，穷巷寡轮鞅。白日掩荆扉，虚室绝尘想。
时复墟曲中，披草共来往。相见无杂言，但道桑麻长。
桑麻日已长，我土日已广。常恐霜霰至，零落同草莽。

种豆南山下，草盛豆苗稀。晨兴理荒秽，带月荷锄归。
道狭草木长，夕露沾我衣。衣沾不足惜，但使愿无违。

久去山泽游，浪莽林野娱。试携子侄辈，披榛步荒墟。
徘徊丘陇间，依依昔人居。井灶有遗处，桑竹残朽株。
借问采薪者，此人皆焉如？薪者向我言，死没无复余。
一世异朝市，此语真不虚。人生似幻化，终当归空无。

怅恨独策还，崎岖历榛曲。山涧清且浅，遇以濯吾足。
漉我新熟酒，只鸡招近局。日入室中暗，荆薪代明烛。
欢来苦夕短，已复至天旭。

《饮酒》一共也有二十首，今摘录六首如下：

道丧向千载，人人惜其情。有酒不肯饮，但顾世间名。
所以贵我身，岂不在一生？一生复能几，倏如流电惊。
鼎鼎百年内，持此欲何成！

结庐在人境，而无车马喧。问君何能尔？心远地自偏。
采菊东篱下，悠然见南山。山气日夕佳，飞鸟相与还。
此中有真意，欲辩已忘言。

秋菊有佳色，裛露掇其英。泛此忘忧物，远我遗世情。
一觞虽独进，杯尽壶自倾。日入群动息，归鸟趋林鸣。
啸傲东轩下，聊复得此生。

青松在东园，众草没其姿。凝霜殄异类，卓然见高枝。
连林人不觉，独树众乃奇。提壶抚寒柯，远望时复为。
吾生梦幻间，何事绁尘羁。

清晨闻叩门，倒裳往自开。问子为谁欤？田父有好怀。
壶浆远见候，疑我与时乖。褴褛茅檐下，未足为高栖。

一世皆尚同，愿君汩其泥。深感父老言，禀气寡所谐。
纡辔诚可学，违己讵非迷。且共欢此饮，吾驾不可回。

故人赏我趣，挈壶相与至。班荆坐松下，数斟已复醉。
父老杂乱言，觞酌失行次。不觉知有我，安知物为贵？
悠悠迷所留，酒中有深味。

又《读山海经》发端一首，写幽居自得之趣，俯仰宇宙，自乐其乐，亦是渊明本色。诗云：

孟夏草木长，绕屋树扶疏。众鸟欣有托，吾亦爱吾庐。
既耕亦已种，时还读我书。穷巷隔深辙，颇回故人车。
欢言酌春酒，摘我园中蔬。微雨从东来，好风与之俱。
泛览周王传，流观山海图。俯仰终宇宙，不乐复何如！

（五）

渊明的诗歌，既集晋以前之大成，自成一家；而又为后世隐逸之宗。

“为古今隐逸之宗”，这句话本来是钟嵘《诗品》里说的。我起初也不信钟嵘的话，以为像陶渊明这样包罗万象，怎么仅仅地说他是隐逸之宗呢？后来仔细研究，钟嵘的话，也不曾错。隐逸二字，固不能包括陶渊明的诗歌；然后世山林隐逸的诗歌，多导源于渊明。在渊明以前，写田园生活，及写山林隐居之乐的诗歌，实在少见。除《豳风》是写田园生活，《考槃》是写隐居之乐而外，从三百篇以及晋代，竟少见这样的作品。自陶渊明以后，便多了。所以钟嵘“为古今隐逸之宗”这句话，并没有说错。不过我们不要看错，他是说后世隐逸之诗，都是宗陶渊明；不是说隐逸二字，可以包括陶渊明。

在渊明以前，虽然也有作旷达语的诗人；然而他们的旷达，乃是富贵人纵欲行乐的旷达，和渊明从淡泊中寻真乐不同。比如《古诗十九首》中之第四首云：

> 今日良宴会，欢乐难具陈。弹筝奋逸响，新声妙入神。
> 令德唱高言，识曲听其真。齐心同所愿，含意俱未申。
> 人生寄一世，奄忽若飙尘。何不策高足，先据要路津。
> 无为守穷贱，轗轲长苦辛。

又《古诗十九首》之第十五首云：

> 生年不满百，常怀千岁忧。昼短苦夜长，何不秉烛游？
> 为乐当及时，何能待来兹？愚者爱惜费，但为后世嗤。
> 仙人王子乔，难可与等期。

又曹操的《短歌行》云：

> 对酒当歌，人生几何？譬如朝露，去日苦多。
> 慨当以慷，忧思难忘。何以解忧？唯有杜康。

他们的见解，何尝不旷达？然只以纵欲行乐为务，何曾知道在淡泊中寻找真乐趣？能知在淡泊中寻真乐的，要算陶渊明了。

（六）

后世宗渊明的诗人很多，最著名的，就是唐朝王、孟、韦、柳、储，五家。王是王维，孟是孟浩然，韦是韦应物，柳是柳宗元，储是储光羲。五家皆宗渊明，而因个性及环境不同，只各得著渊明的一偏。

沈归愚有一句话，评论得最为切当。他说：王得其清腴，孟得其闲远，韦得其冲和，柳得其峻洁，储得其真朴。同时及再后，山林隐逸之诗，大概都不能超出这范围以外。这五家又皆出于渊明，合五个人的长处，而并成渊明一个人的长处，怪不得钟嵘称他是隐逸之宗了。今将五家的诗，各录一二首在下面，以资参考。

王维的《渭川田家》云：

> 斜阳照墟落，穷巷牛羊归。野老念牧童，倚杖候荆扉。
> 雉雊麦苗秀，蚕眠桑叶稀。田夫荷锄至，相见语依依。
> 即此羡闲逸，怅然吟式微。

又《春中田园作》云：

屋上春鸠鸣，村边杏花白。持斧伐远杨，荷锄觇泉脉。
归燕识故巢，旧人看新历。临觞忽不御，惆怅远行客。

又《新晴野望》云：

新晴原野旷，极目无氛垢。郭门临渡头，村树连溪口。
白水明田外，碧峰出山后。农月无闲人，倾家事南亩。

孟浩然的《宿业师山房期丁大不至》云：

夕阳度西岭，群壑倏已暝。松月生夜凉，风泉满清听。
樵人归欲尽，烟鸟栖初定。之子期宿来，孤琴候萝径。

又《秋登万山寄张五》云：

北山白云里，隐者自怡悦。相望试登高，心随雁飞灭。
愁因薄暮起，兴是清秋发。时见归村人，平沙渡头歇。
天边树若荠，江畔洲如月。何当载酒来，共醉重阳节。

韦应物的《夕次盱眙县》云：

落帆逗淮镇，停舫临孤驿。浩浩风起波，冥冥日沉夕。
人归山郭暗，雁下芦洲白。独夜忆秦关，听钟未眠客。

又《初发扬子寄元大校书》云：

凄凄去亲爱，泛泛入烟雾。归棹洛阳人，残钟广陵树。
今朝为此别，何处还相遇？世事波上舟，沿洄安得住？

又《东郊》云：

吏舍跼终年，出郊旷清曙。杨柳散和风，青山澹吾虑。
依丛适自憩，缘涧还复去。微雨霭芳原，春鸠鸣何处？
乐幽心屡止，遵事迹犹遽。终罢斯结庐，慕陶直可庶。

柳宗元的《雨后晓行独至愚溪北池》云：

宿云散洲渚，晓日明村坞。高树临清池，风惊夜来雨。
予心适无事，偶此成宾主。

储光羲的《牧童词》云：

不言牧田远，不道牧坡深。所念牛驯扰，不乱牧童心。
圆笠覆我首，长蓑被我襟。方将忧暑雨，亦以惧寒阴。
大牛隐层坂，小牛穿近林。同类相鼓舞，触物成讴吟。
取乐须臾间，宁问声与音。

（七）

五家以外，再有唐朝白居易的闲适诗，也是从陶渊明来的。再有宋朝苏轼，更是一个著名佩服陶渊明的人。他的天才豪放，有些像李太白，作诗学陶渊明，而又参以禅理，便造成他自己的一种诗派（在白香山苏东坡两篇内再细说）。再后有明末的钱秉镫，也是一位佩服陶渊明的诗家，他的诗也有一部分是从陶渊明来的。看他的《田园杂兴》诗，便可以知道了。诗道：

> 春天久不晴，衣垢及时浣。身上何所著？敝襦及骭短。
> 家人念我寒，一杯为斟满。酒满不可多，农事不可缓。
> 奋身田野间，襟带忽已散。乃知四体勤，无衣亦自暖。
> 君看狐貉温，转使腰肢懒。

以上不过拣著名的诗人而言，其他不著名的，更不胜枚举。照此看来，可见陶渊明的诗，影响于后世的诗歌之深了。

（八）

梁任公先生所作的一本《陶渊明》，大概是很好。我读了以后，觉得很满意。同时有一两处怀疑的地方，也把它写在这里。

第一点：他说：“后来诗家描写田舍生活的也不少，但多半像乡下人说城市事，总说不到真际。生活总要实践的才算，养尊处优的士大夫，说什么田家风味，配吗？渊明只把他的实历实感写出来，便成为最亲切有味之文。”这番话，批评渊明固然不错；若说渊明以外的诗家，描写田舍生活，多半像乡下人说城市事一般，未免太抹杀了后世的诗人。后世的诗人，亲身经历田园生活，而写他实历实感的，像前面第七节所引的钱秉镫《田园杂兴》一首，又何尝不亲切呢？这样的诗，在宋以前确是较少，在宋以后便多了。宋时陆放翁、范石湖、杨诚斋的诗，尤有大部分是这样的。且待后面说到陆放翁时，再引诗为证。这里不能多引了。

第二点：他常引渊明《拟古》及《杂诗》的句子，来代表渊明的品格。我窃以为在渊明诗中，《拟古》及《杂诗》，已不是渊明的本来面目。因为题目叫作《拟古》，就是他摹仿汉魏人的神气而作的，何尝是他的真面目呢？好像后世人拟杜、拟李一般。这等诗决不能表现他自己的个性。至于《杂诗》，也是这样。《杂诗》这个题目，是魏晋以来的诗人沿用的。魏：曹植、徐幹、应璩；晋：嵇康、张华、傅玄等许多人，都有《杂诗》。《杂诗》成了一个公用的题目，也就差不多是一种体裁；无论何人作的《杂诗》，都有些差不多。渊明的《杂诗》，也是一样。换一句话说：《杂诗》也就等于《拟古》。所以在渊明诗集里，《拟古》与《杂诗》，当另外看，不能和其他的诗一例而论。引《拟古》及《杂诗》以代表他的品格，略有些不实在。

第三点：他说渊明高隐，只为看不过当日仕途的混浊，不屑与那些热官为伍。若说所争在什么姓司马的，姓刘的，未免把他看小了。梁先生的这番话，固然可以抬高渊明的品格，扩充读者的胸襟，然实际并不是如此。不错！渊明固然为着看不过当日的仕途混浊，不屑与热官为伍。然姓司马与姓刘的界限，渊明并不能完全打破。因为他本是个儒家出身，儒家讲名教，什么君不君的问题，须要讲究；渊明虽然胸襟高超，然在那时，什么“伯夷叔齐，义不食周粟”的观念，是有的。须知他不是生在今日，若在今日，三岁小孩子，也知道姓司马的与姓刘的，不值得争论了。若说渊明弃官，在刘裕篡晋以前，可证明他没有“姓司马的姓刘的”成见。这话也不确。因为渊明弃彭泽令，又是一件事；终身高隐，又是一件事。他弃官固然为着仕途混浊，然“姓司马的姓刘的”成见，终不曾忘却。读者不要笑我这话是腐败！须知评论古人，自当这样说；不能戴了现代的眼镜，去看古人。

第四点：他说建安七子的一段话，也有些和事实不符。这是旁的问题，和陶渊明无关，这里不多说了。

李太白

（一）

陶渊明说完以后，就要说李太白了。在渊明以后，太白以前，经过一个所谓南北朝及初唐的时期；这个时期，乃是中国诗学堕落的时期。著名的诗人，如南徐、北庾、初唐四杰等，都是在文字的表面上做功夫，把实质完全忘记了。什么平仄声啦，什么诗韵啦，都产生于南北朝的时候。这个时代，可算诗学受束缚的时代。束缚过分了，不得不发生解放的运动，于是有陈子昂、张九龄出来，做个诗学革命的先驱；再后复产生李白、杜甫二人，而诗学革命，便告成功了。

今日谈中国诗学的人，无人不知道唐诗；谈唐诗的人，无人不知道李、杜。他们二人，可算中国诗学界顶著名的人。二人虽然生在同时，却是人格和诗歌作品，都是绝不相同的。照旧文学家说：李恃天才，杜恃人工。照新文学说：我以为李是浪漫，杜是写实。两种说法，在表面上虽然不同，在实际上就是一样。因为非天才超逸，不能作浪漫的作品；非人工深刻，也不能作写实的作品。若说到两家的渊源，也可说是集诗学的大成。从《离骚》以至南北朝名人的长处，他们都能容纳一些；又却能不落摹仿的痕迹，而别有自家的面目，这就是叫作能够融化了。关于杜甫的话，下章再说，现在先说李白。

（二）

李白，字太白。先世在隋末谪居西域，后来逃还巴西，便为蜀人。少年倜傥不群，喜纵横之术；击剑任侠，尝手刃数人。又好神仙；五六岁时，能诵《六甲》。二十后出游湘、楚，至长安；为贺知章所赏识，称他天上谪仙人，从此名满京师。官翰林。玄宗召他在宫中赋诗，饮酒沉醉，举足令高力士脱靴。高力士深恨了他，在杨贵妃前，说他坏话，便被玄宗疏远了。这时太白是四十四岁。第二年，赐金放归，乃浪迹河洛、梁园，而至广陵。玄宗天宝十四年，安禄山反，乱事纷起；太白由广陵渡江南奔。这时永王璘举兵起事，太白曾帮助他。后来璘兵败了，太白连累入狱，定了死罪。幸亏他从前认识郭子仪于行伍之中，脱了子仪的罪；这时郭子仪贵了，力保太白，才免了一死。因此流放到夜郎去。不久被赦回来，浪游金陵、宣城一带。年六十二岁，卒于当涂。后世野史上说：“李白着宫锦袍，游采石江中，傲然自得，旁若无人。因醉入水捉月而死。”这话不是无因。不过李华所作的墓志、魏颢所作的《李翰林集序》、李阳冰所作的《草堂集序》，皆没有说起他是堕江溺死的。恐怕是讳言罢了。

（三）

以上所说的，就是太白简单的小传了。在这区区数行字内，已可看得出他的平生。关于他详细的事迹，有近人作的一篇《李白研究》，中有一部分，是李白的年谱，可以参看（在武昌师范大学《文史地杂志》一卷一期内）。关于太白的个性，和他诗歌的渊源，那篇《李白研究》里也说得很详细。我这里为免重复起见，我的意见和他相同的，也不多说了，但略说一些。而于他所未备的再说一些。

魏颢在《李翰林集序》中，有几句话道：“眸子炯然，哆如饿虎。时或束带，风流蕴藉。曾受道箓于齐，有青绮冠帔一幅。”这几句话，恍如画出一个李太白的小像来。参以上节所记的“喜纵横，击剑任侠，手刃数人，好神仙，诵《六甲》，令高力士脱靴，识郭子仪于行伍之中……”等事看来，便可以知道他是个怎样的人了。拿简单的话来说一句：就是他合仙与侠而为一人。飘忽不羁，尘世一切的事，他都不看在眼里。

他是这样一个人，他的诗歌，也能充分地表现他的个性。

我们但看他为人，便可以知道他的诗，是怎样的诗了。

（四）

我如今说到他的诗歌，先将他和陶渊明并论：陶渊明在汉魏以后，而能扫除一切的虚伪；李太白在南北朝、初唐以后，而能解除一切的束缚，这是他们相同的一点。后人说：太白出于陶渊明，而杜甫出于庾子山，这话不是无因的。此外两人个性似相同而实不同的地方，可说明如下：

陶渊明喜欢喝酒，李太白也喜欢喝酒：这是相同的。然渊明是“偶有名酒，无夕不饮；顾影独尽，忽焉复醉”（《饮酒·诗序》）。而太白便是“刬却君山好，平铺湘水流。巴陵无限酒，醉杀洞庭秋”了。渊明是“性嗜酒，家贫不能恒得，亲旧知其如此，或置酒而招之。造饮辄尽，期在必醉；既醉而退，曾不吝情去留”（《五柳先生传》）。而太白便是“落花踏尽游何处？笑入胡姬酒肆中”了。渊明以诗歌自娱，太白也以诗歌自娱。然渊明是“尝著文章自娱，颇示己志”（《五柳先生传》）。而太白便是“兴酣落笔摇五岳，诗成啸傲凌沧洲”了。

陶渊明胸襟高超，不把势利放在眼里；太白也胸襟高超，不把势利放在眼里。然渊明是不为五斗米折腰，解印而去；太白便要命高力士脱靴了。

陶渊明有豪侠气，太白也有豪侠气：然渊明只不过在《拟古》诗中，略说几句“少时壮且厉，抚剑独游行”的话，太白便说“感君恩重许君命，太山一掷轻鸿毛”了。又说“安得倚天剑，跨海斩长鲸”了。

陶渊明有超人间的思想，太白也有超人间的思想：然陶渊明不过是托之于《桃花源》，太白便要说“西来青鸟东飞去，愿寄一书谢麻姑”了。又说“遥见仙人彩云里，手把芙蓉朝玉京”了。前人说：渊明中庸，太白狂者。这两句话，实在不错。我以为渊明的浩然元气，似孟子；太白的汪洋恣肆之文，似庄子。根本的差别：一个是以儒学为立脚地，一个是合仙与侠而为一人。

仙是浪漫，侠也是浪漫，所以李太白的歌诗，可说完全是浪漫派。

（五）

再说一说李白与杜甫。他们两人，同时而齐名，所以后人拿他们并称。不过李恃天才，杜恃人工，两人绝不相同的。杜甫称李白说：“清新庾开府，俊逸鲍参军。”这也恐怕是老杜拿主观的眼光去看太白吧。

在太白的诗集里，固然可以寻得出他的渊源来，自《离骚》以下，以至于最近的陈子昂，无不是太白诗歌的渊源；然我以为太白究竟靠自己的天才，偶然读了古人的诗歌，自己落笔作起来，也便相像，并不是从前人的诗歌里苦学而来的。所以他哪些诗是从《离骚》来，哪些诗是从汉魏人来，都不是重要的问题。我在这里不多说了（《李白研究》一篇里，说得很多）。若是杜甫，学古人的工夫，却比李白要深些。

（六）

再说太白与谢朓及陈子昂。在太白自己的诗里，常常说起谢朓来，如云："明发新林浦，空吟谢朓诗。"如云："解道澄江静如练，令人长忆谢玄晖。"如云："谁念北楼上，临风怀谢公!"他又曾登华岳落雁峰，说道：恨不携谢朓惊人句一问青天耳（见《新唐书·文艺传》）。他这样地倾倒谢朓，所以王渔洋说他"一生低首谢宣城"了。

李白和陈子昂，住在相近的地方（子昂是射洪人），而子昂生在李白稍前一点；因地理和时代的关系，太白很有些地方，受了子昂的影响。所以朱子说："古风两卷，多效陈子昂，亦有全用其句处。太白去子昂不远，其尊慕之如此。"

我以为太白倾倒谢朓，是他晚年到了宣城时所有的观念；他尊慕子昂，乃是他少年在蜀中时的观念。太白和他们两人，虽然有关，然他们二人影响于太白并不深。这两层在太白的诗里，不很重要，太白自有他自己的面目。

（七）

太白的诗，多不胜录。现在拣简短的，略录几首在这里，以见一斑：

《月下独酌》云：

花间一壶酒，独酌无相亲。
举杯邀明月，对影成三人。
月既不解饮，影徒随我身。
暂伴月将影，行乐须及春。
我歌月徘徊，我舞影零乱。
醒时相交欢，醉后各分散。
永结无情游，相期邈云汉。

《望终南山，寄紫阁隐者》云：

出门见南山，引领意无限。
秀色难为名，苍翠日在眼。
有时白云起，天际自舒卷。
心中与之然，托兴每不浅。
何当造幽人，灭迹栖绝巘。

《春日醉起言志》云：

处世若大梦，胡为劳其生。
所以终日醉，颓然卧前楹。
觉来眄庭前，一鸟花间鸣。
借问此何时？春风语流莺。
感之欲叹息，对酒还自倾。
浩歌待明月，曲尽已忘情。

《金乡送韦八之西京》云：

客自长安来，还归长安去。
狂风吹我心，西挂咸阳树。
此情不可道，此别何时遇？
望望不见君，连山起烟雾。

以上各诗，绝似渊明。然“有时白云起……”“狂风吹我心……”等句，飘忽不羁，而绝无含蓄，处处看得出太白和渊明不同。若太白的七言，那更不同了。比如《古有所思》云：

我思仙人乃在碧海之东隅。
海寒多天风，白波连山倒蓬壶。
长鲸喷涌不可涉，抚心茫茫泪如珠。
西来青鸟东飞去，愿寄一书谢麻姑。

《金陵酒肆留别》云：

风吹柳花满店香，吴姬压酒劝客尝。
金陵子弟来相送，欲行不行各尽觞。
请君试问东流水，别意与之谁短长？

《宣州谢朓楼饯别校书叔云》云：

弃我去者，昨日之日不可留。
乱我心者，今日之日多烦忧。
长风万里送秋雁，对此可以酣高楼。
蓬莱文章建安骨，中间小谢又清发。
俱怀逸兴壮思飞，欲上青天揽明月。
抽刀断水水更流，举杯销愁愁更愁。
人生在世不称意，明朝散发弄扁舟！

《行路难》云：

金樽清酒斗十千，玉盘珍羞值万钱，
停杯投箸不能食，拔剑四顾心茫然。
欲渡黄河冰塞川，将登太行雪满山。
闲来垂钓碧溪上，忽复乘船梦日边。
行路难！行路难！多歧路，今安在？
长风破浪会有时，直挂云帆济沧海。

这几首诗，最足以表现得出太白的特色。

他就是很简单的四句绝诗，也是这样。比如《独坐敬亭山》云：

众鸟高飞尽，孤云独去闲。
相看两不厌，只有敬亭山。

又如《早发白帝城》云：

朝辞白帝彩云间，千里江陵一日还。
两岸猿声啼不住，轻舟已过万重山。

《黄鹤楼送孟浩然之广陵》云：

故人西辞黄鹤楼，烟花三月下扬州。
孤帆远影碧空尽，唯见长江天际流。

就是这几首小诗，看他是何等胸襟啊！

（八）

李太白以后，像他一路的诗人，简直是少有。只有苏东坡，有些像他；这里另有一篇说苏东坡，那时候再细说。此外有高青丘，他的诗也略似太白，把他附在太白后面，略说几句：

高青丘，名启，字季迪。明初长洲人。元末，避张士诚之乱，移居在松江的青丘地方，因号青丘子。明太祖洪武初年，诏修《元史》。后因文字狱，被杀。年三十九岁。他的诗在明初，和杨（基）、张（羽）、徐（贲）并称；然其他三人，皆不及高启。他的才气奔放，似太白处，只看他《登金陵雨花台望大江》，可见一斑。诗云：

大江来从万山中，山势尽与江流东。
钟山如龙独西上，欲破巨浪乘长风。
江山相雄不相让，形胜争夸天下壮。
秦皇空此瘗黄金，佳气葱葱至今王。
我怀郁塞何由开？酒酣走上城南台。
坐觉苍茫万古意，远自荒烟落日之中来。
石头城下涛声怒，武骑千群谁敢渡？
黄旗入洛竟何祥？铁锁横江未为固。
前三国，后六朝，草生宫阙何萧萧。
英雄乘时务割据，几度战血流寒潮。
我生幸逢圣人起南国，祸乱初平事休息。
从今四海永为家，不用长江限南北。

杜子美

（一）

和李白同时而齐名的诗人，便是杜甫。然一个是浪漫，一个是写实，这些话在前面已经说过了。关于杜甫的诗，在旧文学家评论起来，只拿气魄雄厚、格力谨严等话，来恭维他。就是说他的实质上的好处，也不过说他将忠君爱国之忱，一一发表于诗里。然格律谨严这四个字，拿新文学的眼光看起来，不但是毫无价值，而且是最可厌的一件事。忠君和偏狭的爱国（当时候的国，就是帝王家的产业），也是已过去的道德，所谓因时代的关系，已失去它的价值了。我以前也是这样的见解。如今细看他的作品，却又不然了。

近人对于杜甫的诗，做一种有系统的研究，而寻出他的真价值来，有梁任公先生所作的一篇《情圣杜甫》（在《梁任公学术讲演集》第一辑内）。只看情圣二字的题目，便可知道他对于杜甫，以为是一个感情极丰富的诗人了。然我以为凡是诗人，感情都比常人要丰富。因为诗是偏于感情的，感情不丰富，便不能成为诗人。凡是诗人，他发挥感情的技能（如诗为发挥感情的技能之一种），都比常人要好，否则也不能成为诗人。所以拿情圣二字来表示杜甫的诗，和其他诗人不同处，固然可以说，但终觉得有一些不切当。

我以为杜诗真正的价值，永久不能消灭的，还是新文学里所说的写实二字。所以决然拿写实派的诗家六个字来称他，使读者从这一点去寻找杜诗的好处。（按：梁任公也称他是半写实派。参看《情圣杜甫》。）

（二）

杜甫，字子美。他的先人，本襄阳人，后徙居河南巩县。他的祖父，就是杜审言，也是有名的诗人。杜甫生当唐玄宗开元之初，早年漫游四方，和李太白等诗人，都是好朋友。中年遇安禄山之乱，从京师逃到甘肃的灵武地方；谒见肃宗，补了个左拾遗之职。不久，告假回家，遇着饥荒，在路上几乎饿死了。后来流落到四川，依靠故人严武；严武死后，四川大乱，他又逃难，从四川到湖南。寓居耒阳，尝至岳庙，遇着大水，十几天没饭吃。耒阳令聂君，听见这消息，亲自驾舟去救他出来。在大历五年夏间，卒于耒阳。年五十九岁。他有兄弟和妹子，都因乱离的缘故，难得见面（梁任公说他有两个兄弟、一个妹子，然杜集中有《远怀舍弟颖、观等》《得舍弟观书自中都已达江陵赋诗即事》《第五弟丰独在江左无消息寄二首》等篇，可见子美不止两个兄弟）（又按《钱注杜诗》说：甫有四弟：曰颖，曰丰，曰观，曰占）。他和他的夫人杨氏，也常常不见面的。他有几个儿女，因饥荒竟饿死了。剩下两个儿子，名叫宗文、宗武，于杜甫死后，也漂泊在湖湘间（《旧唐书·文苑传》说："儿女饿殍者数人。"梁任公于《情圣杜甫》的第二节说："他有一个小儿子，因饥荒饿死。"大约是根据杜诗"幼子饿已卒"一句而说的。照《旧唐书·文苑传》说，可知他于幼子之外，再饿死了女儿）。

杜甫的境遇是如此地悲惨，他将国家乱离之感、骨肉分散之情，一一写在他诗里。所以人家又称他的诗叫诗史。这样的诗，在他诗集里，多不胜举。他又有最著名的一首《佳人》，可算是借佳人替他自己写照。一方面写出他的境遇，另一方面也表现出他的人格来。那《佳人》诗道：

> 绝代有佳人，幽居在空谷。自云良家子，零落依草木。
> 关中昔丧乱，兄弟遭杀戮。官高何足论，不得收骨肉。
> 世情恶衰歇，万事随转烛。夫婿轻薄儿，新人美如玉。
> 合昏尚知时，鸳鸯不独宿。但见新人笑，那闻旧人哭？
> 在山泉水清，出山泉水浊。侍婢卖珠回，牵萝补茅屋。

摘花不插发，采柏动盈掬。天寒翠袖薄，日暮倚修竹。

这首诗借佳人比他自己，可说是一首绝妙的象征派的诗，他的性情、境遇，都可以从这首诗里看出来了。

（三）

杜诗真正的好处，就是写实，在前面已经说过了。如今且看他的写实的作品。他于自己家庭的状况，描写得很忠实。比如《同谷七歌》之一云：

有客有客字子美，白头乱发垂过耳。
岁拾橡栗随狙公，天寒日暮山谷里。
中原无主归不得，手脚冻皴皮肉死。
……

《同谷七歌》之二云：

长镵长镵白木柄，我生托子以为命。
黄独无苗山雪盛，短衣数挽不掩胫。
此时与子空归来，男呻女吟四壁静。
……

《百忧集行》云：

忆年十五心尚孩，健如黄犊走复来。
庭前八月梨枣熟，一日上树能千回。
即今倏忽已五十，坐卧只多少行立。
强将笑语供主人，悲见生涯百忧集。
入门依旧四壁空，老妻睹我颜色同。
痴儿未知父子礼，怒叫索饭啼门东。

前四句写自己儿时的状况，末二句写他儿子的状况，都十分忠实，能画出无知无识的小孩子的状态来。又如《茅屋为秋风所破歌》云：

八月秋高风怒号，卷我屋上三重茅。
茅飞渡江洒江郊，高者挂罥长林梢，下者飘转沉塘坳。
南村群童欺我老无力，忍能对面为盗贼。
公然抱茅入竹去，唇焦口燥呼不得，归来倚杖自叹息。
俄顷风定云墨色，秋天漠漠向昏黑。
布衾多年冷似铁，骄儿恶卧踏里裂。
床头屋漏无干处，两脚如麻未断绝。
自经丧乱少睡眠，长夜沾湿何由彻。
……

村童对面为盗贼，和骄儿恶卧等情形，亏他写得出。又如《彭衙行》云：

……

痴女饥咬我，啼畏虎狼闻。怀中掩其口，反侧声愈嗔。

小儿强解事，故索苦李餐。一旬半雷雨，泥泞相牵攀。

既无御雨备，径滑衣又寒。有时经契阔，竟日数里间。

野果充糇粮，卑枝成屋椽。

……

故人有孙宰，高义薄曾云。延客已曛黑，张灯启重门。

暖汤濯我足，翦纸招我魂。从此出妻孥，相视泪阑干。

众雏烂漫睡，唤起沾盘飧。

这一段是写他全家逃难的状况，何等的实在啊！

他再有一首《赠卫八处士》的诗，写朋友聚会的情形，也历历如画。诗云：

人生不相见，动如参与商。今夕复何夕，共此灯烛光。

少壮能几时，鬓发各已苍。访旧半为鬼，惊呼热中肠。

焉知二十载，重上君子堂。昔别君未婚，儿女忽成行。

怡然敬父执，问我来何方？问答乃未已，驱儿罗酒浆。

夜雨剪春韭，新炊间黄粱。主称会面难，一举累十觞。

十觞亦不醉，感子故意长。明日隔山岳，世事两茫茫。

（四）

他写那时候的社会现状，有著名的六首诗，叫作《三吏》

《三别》。便是《新安吏》《潼关吏》《石壕吏》，各一首。《新婚别》《无家别》《垂老别》，各一首。今拣《石壕吏》《垂老别》两首，录在后面，以见一斑。《石壕吏》云：

暮投石壕村，有吏夜捉人。老翁逾墙走，老妇出门看。
吏呼一何怒！妇啼一何苦！听妇前致词："三男邺城戍。
一男附书至，二男新战死。存者且偷生，死者长已矣！
室中更无人，惟有乳下孙。有孙母未去，出入无完裙。
老妪力虽衰，请从吏夜归！急应河阳役，犹得备晨炊。"
夜久语声绝，如闻泣幽咽。天明登前途，独与老翁别。

《垂老别》云：

四郊未宁静，垂老不得安。子孙阵亡尽，焉用身独完！
投杖出门去，同行为辛酸。幸有牙齿存，所悲骨髓干。
男儿既介胄，长揖别上官。老妻卧路啼，岁暮衣裳单。
孰知是死别，且复伤其寒。此去必不归，还闻劝加餐。
土门壁甚坚，杏园度亦难。（按：土门、杏园皆地名。）
势异邺城下，纵死时犹宽。人生有离合，岂择衰老端。
忆昔少壮日，迟回竟长叹。万国尽征戍，烽火被冈峦。
积尸草木腥，流血川原丹。何乡为乐土？安敢尚盘桓！
弃绝蓬室居，塌然摧肺肝。

读这两首诗，可以见当时乱离的状况。此外再有《兵车行》

《哀王孙》等篇，也是差不多的作品。这里不多录了。

（五）

他的写实，不但是善于写大事，而且善于写细事。就是对于寻常的景物，如一草一木，写在他诗里，也写得非常忠实。比如《秋雨叹》云：“禾头生耳黍穗黑。”又如《青阳峡》云：“林迥硖角来，天窄壁面削。”都刻画入微。不过这样的诗，在律诗里尤多；而形容景物的地方，不过是只在一两个字；如今的读者，往往忽略过了。我如今且举前人的两段话，来说明这一层。王安石曰：

> 老杜云“无人觉来往”，下得“觉”字大好。“暝色赴春愁”，下得“赴”字最好。若下“见”“起”字，即小儿言语。足见吟诗要一字两字工夫也。

叶梦得《石林诗话》云：

> 老杜“细雨鱼儿出，微风燕子斜”，此十字，殆无一字虚设。细雨着水面为沤，鱼常上浮而淰；若大雨，则伏而不出。燕体轻弱，风猛则不胜；惟微风乃受以为势，故又有“轻燕受风斜”之句。
>
> “穿花蛱蝶深深见，点水蜻蜓款款飞”，“深深”字若无“穿”字，“款款”字若无“点”字，皆无以见其精微如此。

然读之浑然，全似未尝用力，此所以不碍其气格超胜。

欧阳修《六一诗话》云：

……陈公时偶得杜集旧本，文多脱误，至《送蔡都尉诗》云："身轻一鸟。"其下脱一字。陈公因与数客各用一字补之。或云疾，或云落，或云起，或云下，莫能定。其后得一善本，乃是"身轻一鸟过"。陈公叹服，以为虽一字，诸君亦莫能到也。

以上这些话，在旧诗家说，算是练字。其实不是练字。在新诗家说，算是艺术上的功夫，很不重要。其实也不是艺术上的功夫，乃是深刻的观察、实在的描写。描写景物，到这样的深刻，在新诗里，我只看见胡适之的《湖上》一首。他的诗道：

水上一个萤火，
水里一个萤火，
平排着，
轻轻地，
打我们的船边飞过。
他们俩儿越飞越近，
渐渐地并作了一个。

这首诗，可以说和杜甫的"细雨鱼儿出，微风燕子斜"一样的好了。不过胡先生的《湖上》诗的好，人家容易看得出；杜先生诗的好处，人家很容易忽略过。

写实的诗，固然不是身历其境的人不能写；而且非身历其境的人，不能领会。所以李白的诗，翻成西文，能博得外国人欢迎；杜甫的诗，却不能这样。不单是难译的缘故，也是因为他所写的实在情形，乃是中国古代的社会情形，外国人不容易看得出他的好处。这样的趣事，我也亲自遇到一次。我有一回，从上海往苏州去游玩，到苏州车站，下了火车，骑着驴子，往虎邱去，在路上将实在情形写出来，作了一首七绝诗，后二句云："瘦驴应是驮人惯，自识寻途到虎邱。"回到上海，将这诗给许多朋友看，都以为很平常，没有什么好处。后来有一位苏州朋友看见了，他却极力称赞，说是很好。我问他好在何处，他答道："苏州车站的驴子，大多数只要你骑上了它的背，它自己认得转弯抹角，往虎邱去的；不要你留心，不会走错路。你的诗能道得出这种特殊的情形，所以算好。但是不曾亲自经历这种事的人，也不能领会的。"当时言罢，彼此大笑。这件事虽值不得什么，但是很有趣，所以把他附记在这里。

总之：杜甫写实的技能，能大能细，范围甚广。比如"吴楚东南坼，乾坤日夜浮"，如"天地一沙鸥"，如"江山有巴蜀，栋宇自齐梁"，如"星垂平野阔，月涌大江流"等句。区区几个字，要包涵多少事情在里头。

（六）

如说到杜诗的渊源，和他与后来诗学的关系，前人也早已说过了。元稹道：

> 至于子美，盖所谓上薄《风》《雅》，下该沈、宋；言夺苏、李，气吞曹、刘；掩颜、谢之孤高，杂庾、徐之流丽：尽得古今之体势，而兼人人之所独专矣。（《唐故检校工部员外郎杜君墓志铭》）

秦观说道：

> 杜子美之于诗，实积众流之长，适当其时而已。昔苏武、李陵之诗，长于高妙；曹植、刘公幹之诗，长于豪逸；陶潜、阮籍之诗，长于冲淡；谢灵运、鲍照之诗，长于峻洁；徐陵、庾信之诗，长于藻丽；于是子美穷高妙之格，极豪逸之气，包冲淡之趣，兼峻洁之姿，备藻丽之态；而诸家之作，无不及焉。然不集诸家之长，子美亦不能独至于斯也。岂非适当其时故耶？

以上两人的话，是说杜诗的渊源；他们虽未免恭维得太过，但是杜诗集诸家之长，是不错的。所争的是在一个“诸”字，所指的人是多是少罢了。稍为宽一点说，称他为“集大成”也无不可。

他和后世诗学的关系，是怎样呢？且看孙僅说道：

> 公之诗支而为六家：孟郊得其气焰，张籍得其简丽，姚合得其清雅，贾岛得其奇僻，杜牧、薛能得其豪健，陆龟蒙得其赡博：皆出公之奇偏尔，尚轩轩然自号一家，赫世煊俗，后人师拟不暇，矧合之乎。(《杜工部诗集序》)

他这番话，我不赞成；因为照我的眼光看起来，所谓某家得到某一部分，没有充分的证据。这里我只好置之不论，算是阙疑罢了。后人又谓黄山谷是学杜，然也不过由杜诗的一部分变化出来的吧，决不是死学的。

总之：杜诗可以说集众人之长而自成一家，然众长中也有没什么大价值的。譬如徐陵、庾信的藻丽，只是用些好看的字眼，没有什么多大的价值。我以为杜诗在今日看起来，还是称他是写实，较为说得出他的真好处。

白香山

（一）

李唐一个朝代里的诗，要算是极盛，诗人也算是极多；不过除了李白、杜甫以外，在古今诗人中，能和李、杜并列的，却不可多得了。比如王、孟、韦、柳、储五家，只不过是陶渊明的分派；而孟郊、李贺，又是屈灵均的支流；在杜甫以后，也有许多人，是从杜甫分支出来的。所以能够和李杜并列的，只不过一位白香山。

在新文学界里出风头最早的，要算是白香山。一则因为他是著名的白话诗人，他的诗乡下老婆子也能够读得懂。二则因为他的诗，也着眼在社会上取材料，所以新文学家送他一个徽号，叫作“白香山的社会文学”：这两点确是他能够自成一派，和他人不同的地方。所以我在这本书里，有叙述他的必要。读者先看他的小传，再看他的诗吧。

（二）

白居易，字乐天，晚年号香山居士。唐太原人。生于大历七年，卒于会昌六年，七十五岁。他五六岁时，便学为诗。明白浅显，人人能解。与元微之齐名，人称为元粗、白俗。然因为他们粗俗，所以能普及一般社会。据元微之说：微之一天，在平水街市中，看见许多村塾儿童，唱着诗歌。微之问他们，他们说：先生教我们读乐天、微之诗。却不认识当面就是微之（见元微之《白氏长庆集序》）。他的诗不但流传于普通社会，而且流传到日本、新罗去（新罗，当时国名，在今朝鲜）。可见他流传的普遍了。居易虽官至太子少傅、刑部尚书，然性情恬淡，他尝学渊明《五柳先生传》，作《醉吟先生传》以自况，于儒学之外，尤通佛学；晚年与香山的和尚如满结香火社，故自号香山居士。

（三）

我们评论白居易的诗，无论如何，不如他自己评论得真确。他有给元九（就是元微之，和他是好朋友）的一封长信，说明他自己的诗，是怎样（此书见《旧唐书》本传内）。我们读了他这封信，也可以不必再说许多不关痛痒的话了。原信太长，现在拣要紧的地方，节录在这里：

夫文，尚矣。三才各有文：天之文，三光首之；地之文，五材首之；人之文，《六经》首之。就《六经》言，诗又首之。何者？圣人感人心而天下和平。感人心者，莫先乎情；莫始乎言；莫切乎声；莫深乎义。诗者，根情，苗言，华声，实义。上自圣贤，下至愚骏，微及豚鱼，幽及鬼神，群分而气同，形异而情一：未有声入而不应，情交而不感者。圣人知其然：因其言，经之以六义；缘其声，纬之以五音；音有韵，义有类；韵协则言顺，言顺则声易入；类举则情见，情见则感易交。于是乎孕大含深，贯微洞密，上下通而一气泰，忧乐合而百志熙。五帝三皇所以直道而行、垂拱而理者，揭此以为大柄，决此以为大窦也。故闻“元首明，股肱良”之歌，则知虞道昌矣。闻五子《洛汭之歌》，则知夏政荒矣。言者无罪，闻者足戒；言者闻者，莫不两尽其心焉。及周衰，秦兴，采诗官废；上不以诗补察时政，下不以歌泄导人情；用至于谄成之风动，救失之道缺：于时六义始刓矣。《国风》变为《骚辞》，五言始于苏李。苏李骚人，皆不遇者，各系其志，发而为文。故河梁之句，止于伤别；泽畔之吟，归于怨思。彷徨抑郁，不暇及他耳。然去《诗》未远，梗概尚存。故兴离别，则引双凫一雁为喻；讽君子小人，则引香草恶鸟为比。虽义类不具，犹得风人之什二三焉。于时六义始缺矣。晋、宋已还，得者盖寡。以康乐之奥博，多溺于山水；以渊明之高古，偏放于田园；江鲍之流，又狭于此。如梁鸿《五噫》之例者，百无一二。于时六义浸微矣。陵夷至于梁陈间，率不过嘲风雪、弄花草而已。噫！风雪花草之物，三百篇中岂舍之乎？顾所用何如耳。设如"北风其凉"，假风以刺威虐也。"雨雪霏霏"，因雪以愍征役也。"棠棣之华"，感华以讽兄弟也。"采采芣苢"，美草以乐有子也：皆兴发于此，而义归于彼。反是者，可乎哉？然则"余霞散成绮，澄江静如练""离花先萎露，别叶乍辞风"之什，丽则丽矣，吾不知其所讽焉。故仆所谓嘲风雪、弄花草而已。于时六义尽去矣。唐兴二百年，其间诗人，不可胜数。所可举者：陈子昂有《感遇》诗二十首，鲍防有《感兴》诗十五首，又诗之豪者，世称李杜。李之作才矣奇矣，人不逮矣；索其风雅比兴，十无一焉。杜诗最多，可传者千余篇；至于贯穿今古，覼缕格律，尽工尽善，又过于李。然撮其《新安吏》《石壕吏》《潼关吏》《塞芦子》《留花门》之章；"朱门酒肉臭，路有冻死骨"之句，亦不过三四十首。杜尚如此，况不逮杜者乎？仆尝痛诗道崩坏，忽忽愤发；或食辍哺，夜辍寝，不量才力，欲扶起之。仆数月来，检讨囊篋中，得新旧诗，各以类分，分为卷目。自拾遗来，凡所遇所感，关于美刺兴比者；又自武德讫元和，因事立题，题为《新乐府》者，共一百五十首，谓之《讽谕诗》。又或退公独处，或移病闲居，知足保和，吟玩情性者一百首，谓之《闲适诗》。又有事务牵于外，情性动于内，随感遇而形于叹咏者一百首，谓之《感伤诗》。又有五言七言、长句短句，自一百韵至两韵者四百余首，谓之《杂律诗》。凡为十五卷，约八百首。异时相见，当尽致于执事。微之！古人云："穷则独善其身，达则兼济天下。"仆虽不肖，常思此语。大丈夫所守者道，所待者时；时之来也，为云龙，为风鹏，勃然突然，陈力以出；时之不来也，为雾豹，为冥鸿，寂兮寥兮，奉身而退；进退出处，何往而不自得哉？故仆志在兼济，行在独善。奏而始终之则为道；言而发明之则为诗。谓之《讽谕诗》，兼济之志也；谓之《闲适诗》，独善之义也：故览仆诗者，知仆之道焉。其余《杂律诗》，或诱于一时一物，发于一笑一吟，率然成章，非平生所尚；但以亲朋合散之际，取其释恨佐欢。今铨次之间，未能删去；他时有为我编集斯文者，略之可也。微之！夫贵耳贱目，荣古陋今，人之大情也。仆不能远征古旧，如近岁韦苏州歌行，清丽之外，颇近兴讽；其五言诗，又高雅闲淡，自成一家之体。今之秉笔者，谁能及之？然当苏州在时，人亦未甚爱重；必待身后，然后人贵之。今仆之诗，人所爱者，悉不过《杂律诗》，与《长恨歌》已下耳。时之所重，仆之所轻。至于《讽谕》者，意激而言质；《闲适》者，思澹而词迂。以质合迂，宜人之不爱也。今所爱者，并世而生，独足下耳。然千百年后，安知复无如足下者，出而知爱我诗哉？

（四）

他自己将他的诗，分作四部分：一是讽谕；二是闲适；三是感伤；四是杂律。杂律诗他自己不满意，感伤诗也无特好处，我们也可以置之不论。论他的讽谕，是直接出于《诗经》，他自己说得很明白。闲适是从陶诗一部分而来的，而又参以禅理，可说是合陶诗、禅理而成的。以禅理入诗，在他前头，王维已有这样的彩色了；不过王维的彩色，还不及白居易这样的显著。总之：他的诗，他自己评论得很明白，不用我们多说，只看他代表的作品吧！

他的讽谕诗里，顶著名的，就是《秦中吟》十首，和《新乐府》五十首。其他《续古诗》十首、《寓意》五首、《和答》十首、《有木》八首，并《新制布裘》《杏园中枣树》等，都是佳作。今选录数首，如《伤宅》——《秦中吟》之第三首——云：

谁家起甲第，朱门大道边。丰屋中栉比，高墙外回环。
累累六七堂，栋宇相连延。一堂费百万，郁郁起青烟。
洞房温且清，寒暑不能干。高堂虚且迥，坐卧见南山。
绕廊紫藤架，夹砌红药栏。攀枝摘樱桃，带花移牡丹。
主人此中坐，十载为大官。厨有臭败肉，库有贯朽钱。
谁能将我语，问尔骨肉间？岂无穷贱者？忍不救饥寒！
如何奉一身，直欲保千年。不见马家宅，今作奉诚园。

《买花》——《秦中吟》之第十首——云：

帝城春欲暮，喧喧车马度。共道牡丹时，相随买花去。
贵贱无常价，酬直看花数。灼灼百朵红，戋戋五束素。
上张幄幕庇，旁织笆篱护。水洒复泥封，移来色如故。
家家习为俗，人人迷不悟。有一田舍翁，偶来买花处。
低头独长叹，此叹无人谕。一丛深色花，十户中人赋。

《上阳人》——《新乐府》之第七首——云：

上阳人！上阳人！红颜暗老白发新。
绿衣监使守宫门，一闭上阳多少春。
玄宗末年初选入，入时十六今六十。
同时采择百余人，零落年深残此身。
忆昔吞悲别亲族，扶入车中不教哭。
皆云入内便承恩，脸似芙蓉胸似玉。
未容君王得见面，已被杨妃遥侧目。
妒令潜配上阳宫，一生遂向空房宿。
宿空房，秋夜长，夜长无寐天不明。
耿耿残灯背壁影，萧萧暗雨打窗声。
春日迟，日迟独坐天难暮。
宫莺百啭愁厌闻，梁燕双栖老休妒。
莺归燕去长悄然，春往秋来不记年。
唯向深宫望明月，东西四五百回圆。

今日宫中年最老，大家遥赐尚书号。
小头鞋履窄衣裳，青黛点眉眉细长。
外人不见见应笑，天宝末年时世妆。
上阳人！苦最多。
少亦苦，老亦苦，少苦老苦两如何！
君不见昔时吕尚美人赋，又不见今日上阳宫人白发歌。

《折臂翁》——《新乐府》之第九首——云：

新丰老翁八十八，头鬓眉须皆似雪。
玄孙扶向店前行，左臂凭肩右臂折。
问翁臂折来几年，兼问致折何因缘。
翁云贯属新丰县，生逢圣代无征战。
惯听梨园歌管声，不识旗枪与弓箭。
无何天宝大征兵，户有三丁点一丁。
点得驱将何处去，五月万里云南行。
闻道云南有泸水，椒花落时瘴烟起。
大军徒涉水如汤，未过十人二三死。
村南村北哭声哀，儿别爷娘夫别妻。
皆云前后征蛮者，千万人行无一回。
是时翁年二十四，兵部牒中有名字。
夜深不敢使人知，偷将大石槌折臂。
张弓簸旗俱不堪，从兹始免征云南。
骨碎筋伤非不苦，且图拣退归乡土。

此臂折来六十年，一肢虽废一身全。
至今风雨阴寒夜，直到天明痛不眠。
痛不眠，终不悔，且喜老身今独在。
不然当时泸水头，身死魂孤骨不收。
应作云南望乡鬼，万人冢上哭呦呦。
老人言，君听取。
君不闻开元宰相宋开府，不赏边功防黩武。
又不闻天宝宰相杨国忠，欲求恩幸立边功。
边功未立生人怨，请问新丰折臂翁。

《杏园中枣树》云：

人言百果中，唯枣凡且鄙。皮皱似龟手，叶小如鼠耳。
胡为不自知，生花此园里。岂宜遇攀玩，幸免遭伤毁。
二月曲江头，杂英红旖旎。枣亦在其间，如嫫对西子。
东风不择木，吹煦长未已。眼看欲合抱，得尽生生理。
寄言游春客，乞君一回视。君爱绕指柔，从君怜柳杞。
君求悦目艳，不敢争桃李。君若作大车，轮轴材须此。

以上《伤宅》等四首，都是对于时事，有所刺讽而作，故名为讽；《杏园中枣树》，以物谕人，故名为谕。

（五）

再看他的闲适诗。他的性情，本来恬淡，他集中有《效陶潜体诗》十六首，又有《读老子》《读庄子》《读禅经》等诗。可见他于陶诗及道家书与禅经，都很喜欢读的。于是我们可知他闲适诗的渊源了，如《小池》二首云：

昼倦前斋热，晚爱小池清。
映林余景没，近水微凉生。
坐把蒲葵扇，闲吟三两声。

有意不在大，湛湛方丈余。
荷侧泻清露，萍开见游鱼。
每一临此坐，忆归青溪居。

随口道出，毫不做作，很像陶诗。又如《齐物》二首云：

青松高百尺，绿蕙低数寸。同生大块间，长短各有分。
长者不可退，短者不可进。若用此理推，穷通两无闷。
椿寿八千春，槿花不经宿。中间复何有，冉冉孤生竹。
竹身三年老，竹色四时绿。虽谢椿有余，犹胜槿不足。

这思想是从《庄子》里来的。《赠王山人》云：

> 闻君减寝食，日听神仙说。暗待非常人，潜求长生诀。
> 言长本对短，未离生死辙。假使得长生，才能胜夭折。
> 松树千年朽，槿花一日歇。毕竟共虚空，何须夸岁月。
> 彭殇徒自异，生死终无别。不如学无生，无生即无灭。

这思想是从佛书里得来的。

以上各诗，可以为白香山闲适诗的代表了。此外虽然再有许多，都不出此范围以外。

苏东坡

（一）

宋朝的诗人，本来是苏（苏轼）、黄（黄庭坚）、范（范成大）、陆（陆游）四家并称的。我这本书里所说的，就是四人中的两人（苏轼和陆游）。因为陆游是间接出于黄庭坚，照我看来，要比黄庭坚好。范成大和陆游同时，诗派也差不多，然比陆游为稍逊，陆游可以代表范成大。所以我这里只取苏陆两人了。

在苏轼以前，宋朝的诗人，还有梅尧臣、苏舜钦、欧阳修：都能扫除晚唐纤丽的习气，而以简淡苍老为归。然规模太小，究不能与苏、陆并论。而他们和苏诗的关系也不多，所以我这里丢开不讲，只说苏轼。如今可先看他的小传，再论他的作品。

（二）

苏轼，字子瞻，号东坡居士。眉州眉山人。他的父亲就是苏洵（字明允，号老泉），他的兄弟就是苏辙（字子由，号颍滨），和他自己，在中国文学界，是有名的“三苏”。人又称东坡为“大苏”，他生于景祐三年。嘉祐二年进士。那时王安石秉政，和他不对，谪居杭州及黄州等处。后因文字嫌疑，谪居海南。不久回来，于靖国元年，卒于常州。年六十六岁。他平生喜读陶诗，曾作《和陶诗》四卷。又好佛学，尝与和尚佛印交游。著有《东坡全集》一百十五卷，《东坡志林》五卷。

（三）

苏诗的特色，也很容易说明，就是合李太白、陶渊明，并参以佛理而成的。有时过于粗豪，“失之丰缛”，然这正是东坡的本色。《宋诗钞》小传，论他的诗道：

> 子瞻诗，气象洪阔，铺叙宛转，子美之后，一人而已。然用事太多，不免失之丰缛；虽其学问所溢，要亦洗刷之工未尽也，而世之訾宋诗者，独于子瞻，不敢轻议；以其胸中有万卷书耳。不知子瞻所重，不在此也。

称他“气象洪阔，铺叙宛转”，可见他的才气过人处。“洗刷之工未尽”，自是才气粗豪人的本色。就是现在人所说的随手写出来，不在字句上做修饰的功夫，渊明、太白都是这一路的。苏诗大概在渊明、太白之间。

《苕溪渔隐丛话》论东坡诗云：

> 东坡《碧落洞》诗云：“小语辄响答，空山白云惊。”此语全类太白。后自岭外归来，《次韵江晦叔》云：“浮云世事改，孤月此心明。”如参禅悟道之人，吐露胸襟，无一毫窒碍也。

这一番话，也很切当。唯《后山诗话》，说他“晚年学太白而失于粗”，却不知粗亦是太白的本色。后山诗出于山谷（即黄庭坚），以苦做为工；对于东坡之粗，自不满意。

王渔洋论东坡诗云：

> 庆历文章宰相才，晚年孟博亦堪哀。
> 淋漓大笔千秋在，字字华严法界来。

“淋漓大笔”四字，说得很当；而于苏诗得力于佛理，更看得透彻了。

然他人评论东坡，总不及东坡自评。他自己尝说道：

> 吾文如万斛泉源，不择地皆可出：在平地滔滔汩汩，

虽一日千里无难；及其与山石曲折，随物赋形，而不可知也。所可知者：常行于所当行，常止于不可不止，如是而已矣。其他，虽吾亦不能知也。

又云：

作文如行云流水，初无定质，但常行于所当行，止于所不可不止，虽嬉笑怒骂之辞，皆可书而诵之。

又云：

某平生无快意事，惟作文章，意之所到，则笔力曲折，无不尽意，自谓世间乐事，无逾此者。

我们领会得这个道理，便可以知道苏诗的特色了。

（四）

前面已经说过：他的诗是渊源于陶、李，而参以禅理。现在可引他的诗，证明如下：如《和陶游斜川》云：

谪居澹无事，何异老且休。虽过靖节年，未失斜川游。

春江渌未波，人卧船自流。我本无所适，泛泛随鸣鸥。

中流遇洑洄，舍舟步层丘。有口可与饮，何必逢我俦。
过子诗似翁，我唱而辄酬。未知陶彭泽，颇有此乐不？
问点尔何如？不与圣同忧。问翁何所笑？不为由与求。
（过是东坡儿子的名字。这时候同游）

按“春江渌未波”六句，绝似陶公。东坡既然喜读陶诗，和作至四卷之多，那么他所受的渊明的感化，自然很深了。《和陶诗》以外，就是像《新居》一首，也似渊明。诗云：

朝阳入北林，竹树散疏影。短篱寻丈间，寄我无穷境。
旧居无一席，逐客犹遭屏。结茅得兹地，翳翳村巷永。
数朝风雨凉，畦菊发新颖。俯仰可卒岁，何必谋二顷。

然而他的性情豪放，没有含蓄，很像太白；又因他生长于四川，四川是太白的故乡，而且山水奇险，和长江下游不同，东坡生长其间，因个性及环境种种的缘故，自然东坡的诗歌，要像太白了。如他《游金山寺》诗，不绝似太白么？诗云：

我家江水初发源，宦游直送江入海。
闻道潮头一丈高，天寒尚有沙痕在。
中泠南畔石盘陀，古来出没随涛波。
试登绝顶望乡国，江南江北青山多。
羁愁畏晚寻归楫，山僧苦留看落日。

微风万顷靴纹细，断霞半空鱼尾赤。
是时江月初生魄，二更月落天深黑。
江心似有炬火明，飞焰照山栖鸟惊。
怅然归卧心莫识，非鬼非人竟何物？
江山如此不归山，江神见怪惊我顽。
我谢江神岂得已，有田不归如江水。

（按：是夜所见如此。）

就是他简短的七言绝诗，也似太白。比如《六月二十七日望湖楼醉书》五首之二云：

黑云翻墨未遮山，白雨跳珠乱入船。
卷地风来忽吹散，望湖楼下水如天。

之五云：

未成小隐聊中隐，可得长闲胜暂闲。
我本无家更安往，故乡无此好湖山。

又《书辩才白云堂壁》云：

不辞清晓叩松扉，却值支公久不归。
山鸟不鸣天欲雪，卷帘惟见白云飞。

这首诗和太白的《独坐敬亭山》有些相像。

又《送蜀人张师厚赴殿试》其一云：

忘归不觉鬓毛斑，好事乡人尚往还。
断岭不遮西望眼，送君直过楚王山。

这首诗，尤和太白的《下江陵》《黄鹤楼送孟浩然之广陵》相像。

然而东坡喜读佛书，故诗中常有禅理；最容易看得出的，就是下面两首。《和梵天寺僧守诠小诗清婉可爱次韵》云：

但闻烟外钟，不见烟中寺。幽人行未已，草露湿芒屦。
惟应山头月，夜夜照来去。

《闻辩才法师复归上天竺以诗戏问》云：

道人出山去，山色如死灰。白云不解笑，青松有余哀。
复闻道人归，鸟语山容开。神光出宝髻，法雨洗浮埃。
想见南北山，花发前后台。寄声问道人，借禅以为诙。
何所闻而去，何所见而回。道人笑不答，此意安在哉。
昔年本不住，今者亦无来。此语竟非是，且食白杨梅。

后一首尤充满了禅意。而东坡自己说：“嬉笑怒骂之辞，皆可书而诵之。”这句话，也是中肯的。我们试看他嬉笑怒骂的诗，无论什么，都可以写入诗里的。比如《闻子由瘦》云：

> 五日一见花猪肉，十日一遇黄鸡粥。
> 土人顿顿食薯芋，荐以熏鼠烧蝙蝠。
> 旧闻蜜唧尝呕吐，稍近虾蟆缘习俗。
> ……

又如《读孟郊诗》云：

> 夜读孟郊诗，细字如牛毛。寒灯照昏花，佳处时一遭。
> ……
> 初如食小鱼，所得不偿劳。又似煮蟛蜞，竟日嚼空螯。
> ……
> 人生如朝露，日夜火消膏。何苦将两耳，听此寒虫号。
> 不如且置之，饮我玉卮醪。

花猪肉、黄鸡粥、熏鼠、烧蝙蝠、小鱼、蟛蜞，拉拉杂杂，一齐写入诗里；而嘲讽孟郊，尤足令人发笑。这便是他嬉笑怒骂的一斑了。

我们从这几方面看来：便可以知道他的诗，有怎样的特色；也可以知他为人，是怎样的性情。

（五）

东坡门下士人很多，其中著名的，就是苏门四君子：一黄庭坚，二晁补之，三秦观，四张耒。黄庭坚出于苏门，而能自成一家，为南宋以来诗学之宗，称为“江西派”。其他晁、秦、张，三人稍逊。《宋诗钞》小传，称晁以气胜；秦以韵胜（《淮海集钞》小传）；东坡自谓“秦得吾工；张得吾易”。然我以为四人出东坡门下，多半系仕宦关系；若论诗歌，便不相干。各人有自己的面目，不能说是东坡的支派。所以这里不多说了。若黄庭坚，和南宋诗家的关系很深，待下面说到陆放翁，再为略说几句。

陆放翁

（一）

苏东坡以后，便是陆游了。他的诗，也是写实，和杜甫一样。不过他的境遇，较为安乐，和杜甫不同；他的性情，偏于闲散，和杜甫不同。所以写的实情实事也不同，所写的虽不同而写法却是一样。所以陆游的诗，我也当他是写实看。

然杜诗所包甚广，杜甫才力雄厚，不是陆游所能够及的。陆游所擅长的，只是杜甫的一部分；而杜甫所有藻丽的地方，陆游一概没有：这便是他们二人的异同了。

（二）

陆游，字务观，号放翁。山阴人。他的祖父，名叫陆佃。在宋徽宗时，官至尚书左丞。游少时因荫得官，后为秦桧所忌；桧死，才擢编修，出知夔严二州。当范成大为蜀帅时，游为参议官，故居蜀最久。晚年家居，恬淡自乐，所为诗善写乡村闲居之乐趣。卒年八十五岁。诗稿最多，总署《剑南诗稿》。以上所述，便是陆游的简单小传了。

（三）

论陆游的诗，可先一看他的渊源：陆游和杨万里、范成大、尤袤四人，师事曾几，传其诗法。试看赵庚夫《题曾几诗集》云："清于月白初三夜，淡似汤烹第一泉。咄咄逼人门弟子，剑南已见一灯传。"而曾几的诗法，又自黄庭坚得来。试看陆游替他作的墓志铭，有"以杜甫黄庭坚为宗"之语。而黄庭坚又是学杜甫的死作。只字半句，不肯轻出（这八个字是《宋诗钞·山谷诗钞》小传上的话）；而他的性情，又极偏僻，所以作成一种生硬的诗（这种偏僻的性情，我以为像孟郊、李贺及屈原）。

由杜甫的一支，而黄庭坚，而曾几，而陆游，屡有变化；不过到了陆游，已脱尽了硬作的习气，变而为自然。这一点也就是陆游比黄庭坚更好的所在了。

陆游间接再间接从杜甫得来的好处，就是写实。这种师承，在今日看起来，似乎没有研究的必要；但当时的事实，确是如此。陆游的诗，不是一味地模仿杜甫，也不是模仿黄庭坚和曾几，须知渊源和模仿不同。

南宋以来，诗人多宗黄庭坚：或是直接，或是间接，无不从黄庭坚一派出来。而黄庭坚又是学杜甫，所以《宋诗钞》有“宋诗大半从少陵分支”之语。然我以为这句话，只可说从黄庭坚以后是如此，黄庭坚以前却不然。不能包括一切宋诗。

黄庭坚一派的诗，就是有名的“江西派”。然我以为过于生硬，终不是极好的诗。若陆游、范成大、杨万里三人，虽皆出于黄庭坚，然浅语常谈，信口道出，极其自然。和“江西派”的生硬不同。这三人中，尤以陆游为最好。

（四）

我以为放翁最好的文学作品，就是描写乡村闲居的乐趣。不但是诗，他有两篇散文，也可称是写实的妙文，就是《居室记》和《东篱记》。这两篇文，很简短的，我现在把它们录在这里，和他的诗参看。那《居室记》云：

> 陆子治室于所居堂之北。其南北二十有八尺，东西十有七尺。东西北皆为窗，窗皆设帘障，视晦明寒燠为舒卷启闭之节。南为大门，西南为小门。冬则析堂与室为二，而通其小门以为奥室，夏则合为一，而辟大门以受凉风。岁暮必易腐瓦，补罅隙，以避霜露之气。朝晡食饮，丰约

惟其力，少饱则止，不必尽器。休息取调节气血，不必成寐。读书取畅适性灵，不必终卷。衣加损，视气候，或一日屡变。行不过数十步，意倦则止。虽有所期处，亦不复问。客至，或见或不能见。间与人论说古事，或共杯酒，倦则亟舍而起。四方书疏，略不复遣。有来者，或亟报，或守累日不能报，皆适逢其会，无贵贱疏戚之间。足迹不至城市者率累年。少不治生事，旧食奉祠之禄，以自给。秩满，因不复敢请，缩衣节食而已。又二年，遂请老，法当得分司禄，亦置不复言。舍后及旁，皆有隙地，莳花百余本。当敷荣时，或至其下，徜徉坐起，亦或零落已尽，终不一往。有疾，亦不汲汲近药石，久多自平。家世无年，自曾大父以降，三世皆不越一甲子，今独幸及七十有六，耳目手足未废，可谓过其分矣。然自记平昔于方外养生之说，初无所闻，意者日用亦或默与养生者合。故悉自书之，将质于山林有道之士云。庆元六年八月一日，山阴陆某务观记。

《东篱记》云：

放翁告归之三年，辟舍东茀地，南北七十五尺，东西或十有八尺而赢，或十有三尺而缩，插竹为篱，如其地之数。埋五石瓮，潴泉为池，植千叶白芙蕖，又杂植木之品若干，草之品若干，名之曰东篱。放翁日婆娑其间，掇其香以嗅，撷其颖以玩，朝而灌，暮而锄。凡一甲坼，一敷荣，童子皆来报惟谨。放翁于是考《本草》以见其性质，探《离骚》以得其族类，本之《诗》《尔雅》及毛氏、郭氏之传，以观其比兴，穷其训诂。又下而博取汉、魏、晋、唐以来，一篇一咏无遗者，反复研究古今体制之变革，间亦吟讽为长谣短章、楚辞唐律，酬答风月烟雨之态度。盖非独娱身目，遣暇日而已。昔老子著书，末章自小国寡民，至甘其食，美其服，安其居，乐其俗，邻国相望，鸡犬之声相闻，民至老死不相往来，其意深矣。使老子而得一邑一聚，盖真足以致此。呜乎！吾之东篱，又小国寡民之细者欤？开禧元年四月乙卯记。

这两篇散文，写他晚年闲居时自己的事情，很是忠实。论文，也简洁苍老，因为他是老年人的手笔，所以才这样的苍老。所谓写实，不一定要是立在第三者的他位，描写低级社会的情形，才算写实；就是写自己的事，写得真实不虚，都算写实。写实固然要细细地描写，像这两篇很简短的文字，似乎不能充分地描写；然他一句一句，都是实在的情形，像《居室记》一篇，室内一切的物、一切的事，都写得很周到，这正是中国文字简洁的好处。我们不能因为他篇幅这么短，便以为太简略了。

（五）

我们再将眼光注在这一点，去看陆放翁的写实诗。他最会描写乡村特殊的情形，如其《秋日郊居》之一云：

儿童冬学闹比邻，据案愚儒却自珍。

授罢村书闭门睡，终年不著面看人。

（按：农家十月，乃遣子入学谓之冬学。所读《杂字》《百家姓》之类，谓之村书。）

按：我们读了这首诗，至少可以知道当时的村塾儿童所读的书，是《杂字》《百家姓》之类。又我们常称乡村私塾先生为冬烘先生，然究不知他的出处，今读了此诗，才恍然明白。冬烘先生，就是冬学先生。冬学之例，在如今已没有了（指我们小时候所住的乡村而言，旁的地方，我不知道），所以冬学二字，也不懂。冬学大约因为春夏秋三季，农家孩子，要在田里做工，只有冬天，有闲工夫读书，所以便有这种特别的冬学，来招收这些学生。可惜现在教育不能普及，乡村儿童终年失学的很多；像这样腐败的冬学，也没有了。杜诗人称为诗史，像陆放翁这样的诗，真是社会史，比杜甫专写国家大事，还要有价值。放翁诗不也可称为诗史么？又如《杜门》云：

寂寞山深处，峥嵘岁暮时。

烧灰除菜蝗，送芋谢牛医。

笕水晨浇药，灯窗夜覆棋。

杜门君勿怪，迟暮少新知。

（蝗读去声）

三、四句确是乡村实事。又《春雨绝句》六首之二云：

千点猩红蜀海棠，谁怜雨里作啼妆？
杀风景处君知否，正伴邻家救麦忙。

天公似欲败蚕簇，雨冒南山暮不收。
騃女痴儿那念此，贪看蝌蚪满清沟。

这两首诗，也是乡村写真。第一首中救麦二字，是乡村的特别名词，读者请注意它！又《对食戏作》二首云：

霜余蔬甲淡中甜，春近灵苗嫩不蔹。
采掇归来便堪煮，半铢盐酪不须添。

春前腊后物华催，时伴儿曹把酒杯。
蒸饼犹能十字裂，馄饨那得五般来。

（按：五般馄饨，不知是什么，恐怕般当作盘，但不能一定说是如此。）

又如《新岁》云：

改岁钟馗在，依然旧绿襦。
老庖供馎饦，跣婢暖屠苏。
载糗送穷鬼，扶箕迎紫姑。
儿童欺老瞶，灯下聚呼卢。

《赛神》云：

岁熟乡邻乐，辰良祭赛多。
荒园抛鬼饭，高机置神鹅。
人散丛祠寂，巫归醉脸酡。
饥鸦更堪笑，鸣噪下庭柯。
（按：村人谓祭神之牲为神猪、神鹅。）

《自开岁阴雨连日未止》云：

江云漠漠雨昏昏，归老山阴学灌园。
十里羊肠仅通路，三家鸰脚自成村。
应时傅饦聊从俗，耐久钟馗俨在门。
近县传闻颇多盗，呼儿插棘补颓垣。
（按：俗有年膊饦之语。予贫甚，今岁遂不能易钟馗。）

按这三首诗，可算是乡村生活的写真，也可算是风俗史。而第一、第三这两首，皆是叙新年事，皆说到钟馗。钟馗，在今日是端午节的点缀品，却不知在那时候，是新年的点缀品。他又有《鸟啼》一首，可算是农家历了。诗云：

野人无历日，鸟啼知四时。二月闻子规，春耕不可迟；
三月闻黄鹂，幼妇闵蚕饥；四月鸣布谷，家家蚕上簇；
五月鸣鸦舅，苗稚忧草茂。

……

放翁像这一类的诗极多，举不胜举。其他断句如："红颗带芒收晚稻，绿苞和叶摘新橙。""蚕如黑蚁桑生后，秧似青针水满时。""蝟刺坼蓬新栗熟，鹅雏弄色冻醅浓。""藜粥数匙晨压药，松肪一碗夜观书。""荒陂船护鸭，断岸笛呼牛。""稻陂正满初投种，蚕子方生未忌人。"描写乡村情景，像这样的诗，放翁以外，确不多见。唯普通选本，于放翁这样的诗，多删去不选，所以人家越发不知道。梁任公说：陶渊明以后的诗人，描写田园生活，不能写到真际。却不曾知道陆放翁，有这样的好诗。

这样的诗，在杜甫诗集里，已经有一二首了，所以说陆游的诗，是从杜甫来的。杜甫著名的《南邻》一首，不就是这样的么?《南邻》云：

锦里先生乌角巾，园收芋栗未全贫。
惯看宾客儿童喜，得食阶除鸟雀驯。
秋水才添四五尺，野航恰受两三人。
白沙翠竹江村暮，相送柴门月色新。

杜甫的"老妻画纸为棋局，稚子敲针作钓钩""盘飧市远无兼味，樽酒家贫只旧醅"也是这样的写法。不过没有陆游作得多，也没有陆游这样充分地写吧。

（六）

陆游除了写乡村生活以外，描写他眼前常见的事，也写得极忠实。比如传诵人口的“小楼一夜听春雨，深巷明朝卖杏花”，便是个绝好的例子。此外这样的诗尚多，如《园中晚饭示儿子》云：

一饱何心慕万钟，小园父子自相从。
蚍蜉布阵雨将作，蛱蝶成团春已浓。
涧底束薪供晚爨，街头籴米续晨舂。
盘飧莫恨无兼味，自绕荒畦摘芥菘。

《闲意》云：

柴门虽设不曾开，为怕人行损绿苔。
妍日渐催春意动，好风时卷市声来。
学经妻问生疏字，尝酒儿斟潋滟杯。
安得小园宽半亩，黄梅绿李一时栽。

《书适》之一云：

老翁年七十，其实似童儿。山果啼呼觅，乡傩喜笑随。

群嬉累瓦塔，独立照盆池。更挟闲书读，浑如上学时。

《秋怀》云：

园丁傍架摘黄瓜，村女沿篱采碧花。
城市尚余三伏热，秋光先到野人家。

此外描写入微的，如“纸阁油窗见细书”，如“小蝶穿花似茧黄”，如“燕啄新泥雨未干”，看似平淡，实在描写得逼真。

（七）

放翁生当南宋偏安之世，对于金人的侵掠，很为不平。他那种郁塞磊落之慨，时时发表在他的诗里，故常有感激豪宕之篇什。后人至于称他为“亘古男儿一放翁”，这未免恭维太过了。他这一类的诗，只有一时代的价值，没有永久的价值，如《长歌行》云：

人生不作安期生，醉入东海骑长鲸。
犹当出作李西平，手枭逆贼清旧京。
金印煌煌未入手，白发种种来无情。
成都古寺卧秋晚，落日偏傍僧窗明。
岂其马上破贼手，哦诗长作寒螿鸣！
兴来买尽市桥酒，大车磊落堆长瓶。

哀丝豪竹助剧饮，如钜野受黄河倾。

平时一滴不入口，意气顿使千人惊。

国仇未报壮士老，匣中宝剑夜有声。

何当凯旋宴将士，三更雪压飞狐城！

《关山月》云：

和戎诏下十五年，将军不战空临边。

朱门沉沉按歌舞，厩马肥死弓断弦。

戍楼刁斗催落月，三十从军今白发。

笛里谁知壮士心，沙头空照征人骨。

中原干戈古亦闻，岂有逆胡传子孙！

遗民忍死望恢复，几处今宵垂泪痕。

《十一月四日风雨大作》云：

僵卧孤村不自哀，尚思为国戍轮台。

夜阑卧听风吹雨，铁马冰河入梦来。

《排闷》云：

四十从军渭水边，功名无命气犹全。

白头烂醉东吴市，自拔长刀割彘肩。

以上各首，都是他激烈豪宕的诗，这也是放翁诗的一种特色。我以为其意固然可取，然终未免书生说大话吧。如言侠义，不如李太白识郭子仪于行伍之中，较为实在。故我以为这不是放翁唯一的好处，他唯一的好处，还是写实。

（八）

和放翁并称的，有范成大，号石湖居士；杨万里，号诚斋。三人诗是差不多的一派。放翁的诗，可以代表这两家，故我不多说。只各将他们的诗，附录数首于此，以资比较：

范成大《秋日田园杂兴》六十首，其二云：

秋来只怕雨垂垂，甲子无云万事宜。
获稻毕工随晒谷，直须晴到入仓时。

新筑场泥镜面平，家家打稻趁霜晴。
笑歌声里轻雷动，一夜连枷响到明。

《喜雨》云：

昨遣长须借踏车，小池须水引鸣蛙。
今朝一雨添新涨，便合翻泥种藕花。

《春晚即事留游子明王仲显》云：

绣地红千点，平桥绿一篙。楝花来石首，谷雨熟樱桃。
笑我生尘甑，惭君有意袍。故人能少驻，门径久蓬蒿。

杨万里《闲居初夏午睡起》二首，其一云：

梅子留酸软齿牙，芭蕉分绿与窗纱。
日长睡起无情思，闲看儿童捉柳花。

《登净远亭》云：

池冰受日未全开，旋旋波痕百皱来。
野鸭被人惊得惯，作群飞去却飞回。

《甲申上元前闻家君不快西归见梅有感》二首，其一云：

官路桐江西复西，野梅千树压疏篱。
昨来都下筠篮底，三百青钱买一枝。

王渔洋

（一）

中国古代几个有价值的诗人，差不多人人都知道了。屈原而后，如陶渊明，如李太白，如杜少陵，如白香山，差不多大家都知道他们的诗有价值了。但是清朝的王渔洋，却没有人说起他。不但是不说他好，而且是攻击他。比如章太炎所讲的《国学概论》里面说：

> 王渔洋、朱彝尊的诗，失之典泽过浓。

又梁任公所著的《清代学术概论》里面说：

> 以言夫诗，真可谓衰落已极：吴伟业之靡曼，王士禛（即王渔洋）之脆薄，号为开国宗匠。

章梁两先生，对于竹垞（朱彝尊）、梅村（吴伟业）、渔洋，皆不满意。然余以为竹垞失之典泽过浓，是不错；梅村靡曼，也不错；独不满意于王渔洋，我不敢赞同。

王渔洋的诗，和方望溪的文，在前清称为一代正宗；然而在当时，已有人攻击他们，说道：

> 一代正宗才力薄：望溪制艺阮亭诗。

阮亭就是王渔洋的别号。人家说他的诗，和望溪的文，同是才力薄弱，好像是不足称为正宗。我按，望溪的文，不是在本题范围以内，我故置而不论，单论王渔洋的诗。

（二）

我要说明王渔洋的诗有价值，须先说明诗是什么？再说明中国的诗是什么？

诗是什么？这一个答案，大概是：“诗是发抒感情的文字。”无论中国、外国的文学家，都承认这句话了。

外国名人的诗的界说，恕我不能多引；单引中国人的诗的界说，证明诗为发抒感情的文字。

诗言志，歌永言。(《虞书》)

诗者，志之所之也。在心为志，发言为诗，情动于中而形于言。言之不足，故嗟叹之；嗟叹之不足，故咏歌之。(《诗大序》)

或有问于余曰：诗何为而作也？余应之曰：人生而静，天之性也；感于物而动，性之欲也。夫既有欲矣，则不能无思；既有思矣，则不能无言；既有言矣，则言之所不能尽，而发于咨嗟咏叹之余者，又必有自然之音响节族（同奏)，而不能已焉。此诗之所以作也。(朱子《诗序》)

试看以上三个人的话，已可以完全明白诗是发抒感情的文字。诗的唯一职务，就是发抒感情。不过诗与歌有无分别，另是一个问题；这话很长，可参看拙著《新诗概说》（商务印书馆出版)。

再说中国的诗是什么？这一句定有人要发生疑问，以为：中国的诗，难道和外国的诗，有两样么（不是指形式而言，形式当然不同)？我便答道：中国的诗，是发抒感情的——外国的诗，也是发抒感情的：不过发抒的方法不同。中国人的感情，是用很婉转、很含蓄的口气，发抒出来的。外国人的感情，是直说出来的，大概是说得毫无余蕴。中国诗里的感情，好像是平淡些，外国诗里的感情，极其热烈。实在中国人的感情，并不平淡，不过是含而不吐，好像是平淡罢了。这便是中国诗的特点，也便是中国诗和外国诗的异点（以上所说的诗，都是指《诗经》里的诗，《楚辞》以后，便有变了）。

中国的诗，婉转而含蓄，也可引古人的话来证明：

《关雎》乐而不淫，哀而不伤。（《论语》）

《国风》好色而不淫，《小雅》怨诽而不乱。（《史记·屈原传》）

倘然哀而伤，怨诽而乱，那便是将胸中的感情，尽说出来。今曰：哀而不伤，怨诽而不乱，这便是含蓄。所以孔子又说：

入其国，其教可知也，其为人也，温柔敦厚，诗教也。（《礼记·经解》）

看这句话，可以知道：古时的人，拿诗做教化的工具；用婉转含蓄的诗，养成人民温柔敦厚的性情。所以说：看见他的人民温柔敦厚，便可以知道他的诗教昌明了。而温柔敦厚，也就是中国国民性的特点，也就是中国诗学的特点。

以上所说的，都是《诗经》里的诗；它所有的实质很单纯，就是温柔敦厚的感情。《诗经》里的诗，多半是比兴，并不直说。你看诗人的心，多么忠厚啊！到了《楚辞》出现，乃是黄河流域和长江流域思想接触时代。《离骚》虽然仍是温柔敦厚的感情，却已加入许多神秘幽怪的故事。到了汉朝，中国人和匈奴人接触以后，诗的实质，更加入一种粗豪悲壮的气概。到了晋朝，晋代式的老庄学说盛行以后，中国诗的实质里，更加入一种玄妙高尚的思想。到了南北朝及唐，佛学盛行而后，中国诗的实质里，更加入一种觉悟解脱的见识：因此便生大变化了。以后千流万派，大概逃不了上面所说的五种元素（关于这一层，另有拙著《中国诗歌实质上变的大关键》，说得很清楚），而五种元素之中，尤以温柔敦厚的感情，为中国诗的本色，而即为诗学的正宗。

（三）

必须明白了第二节的话，然后可以论王渔洋；因为王渔洋的诗，就是能够得温柔敦厚之旨哩。今述王渔洋简单的小传，而后论他的诗。

王士禛，字子贞，一字贻上，号阮亭，又号渔洋山人，山东新城人。生于明崇祯七年。明亡，他十一岁。入清，官至刑部尚书。康熙五十年卒，年七十八岁。他的祖父名象晋，明万历间进士，官浙江布政使，父名与敕，清顺治元年拔贡，赠尚书。渔洋幼时跟着他祖父，住在杭州；七八岁间，回到新城读书。清兵入关，新城陷落，他曾避至长白山。后来天下平定，渔洋仕清，曾为扬州推官，又尝使蜀、使粤，所到的地方很多，各处都有记游的笔记，或记游的诗。二十四岁时，游济南，与同时诸名士，会于大明湖，赋《秋柳诗》，因结秋柳社；一时和诗的人很多，至今《秋柳诗》犹极有名。其实《秋柳诗》并不是他的顶好的作品，不过是一时浪传罢了。他的著作很多，随时刊行；临死时，自己汇萃诸集，详加去留，编成《带经堂集》九十二卷。他的性情，是喜欢交游；见人家有一佳句，必再三称道，不肯去。尝编《感旧集》十六卷，都是他朋友所作的诗。又著《渔洋诗话》两卷，他朋友，或后辈所作的诗，凡是他以为好的，虽一二断句，亦必采入，极力称道。这正是他的性情敦厚处。他自己八岁能诗，十二岁时，他的祖父，方作草书，以“醉爱羲之迹”一句，叫诸孙属对，渔洋对道：“狂吟白也诗。”十五岁时，已有诗集一卷，中载《落叶》诗云：“已共寒江潮上下，况逢新燕影参差。”又云：“年年摇落吴江思，忍向烟波问板桥！”照此看来，可知他天生是一位诗人了。

（四）

现在再论他的诗吧。他的诗就是“温柔敦厚，怨而不乱，深得《国风》《小雅》之遗”。简便说一句，就是“《诗经》的嫡传”罢了。

他能得《诗经》的嫡传，一部分是他性情的关系，一部分也是时代的关系，再一小部分，也是地理的关系。

说到他的性情，他是个富于感情的人；感物成吟，有一往情深之概，却又不流于轻佻艳冶，如《秦邮杂诗》八首之一云：

前溪柳色碧沉沉，醉写新词付阿音。
法曲凄凉鬓丝改，画衣何处旧泥金。

《高邮雨泊》云：

寒雨秦邮夜泊船，南湖新涨水连天。
风流不见秦淮海，寂寞人间五百年。

《秦淮杂诗》二十首其中两首云：

傅寿清歌沙嫩箫，红牙紫玉夜相邀。
而今明月空如水，不见青溪长板桥。

十里清淮水蔚蓝，板桥斜日柳毵毵。
栖鸦流水空萧瑟，不见题诗纪阿男。

这样的诗，都足以表现他的性情温厚。

他喜欢交朋友，然没有千金结客的豪举；只于分合聚散之际，有所感触，而不能已于言，一唱三叹，却又无激越凄苦之音。他尝于一夜之间，作了怀人的绝句六十首，最为有名；此外如《夜雨题寒山寺寄西樵、礼吉》两首云：

日暮东塘正落潮，孤篷泊处雨萧萧。
疏钟夜火寒山寺，记过吴枫第几桥？

枫叶萧条水驿空，离居千里怅难同。
十年旧约江南梦，独听寒山夜半钟。

《寄陈伯玑金陵》云：

东风作意吹杨柳，绿到垂杨第几桥？
欲折一枝寄相忆，隔江残笛雨萧萧。

《真州绝句》五首之一云：

晓上江楼最上层，去帆婀娜意难胜。
白沙亭下潮千尺，直送离心到秣陵。

《送陈子万之黎城丞》二首之一云：

美人为政太行西，到及人葠五叶齐。
颇忆故园风物否？白云红树满荆溪！

《送胡专孩赴长江》云：

青草湖边秋水长，黄陵庙口暮烟苍。
布帆安稳西风里，一路看山到岳阳。

读这几首诗，可以知他对于家人朋友的感情了。

孔子云：乐而不淫，哀而不伤。像渔洋这样的诗，真可以当得而无愧。

（五）

说到他生存的时代，和他的诗，也有很大的关系。大概清初诗人，都是生于明末；对于国家兴亡之感，自然不能完全消灭，时时流露于文字之间。故清初的诗，比乾嘉以后要好。乾嘉以后，天下承平无事，诗人也无所感激，便不免言之无物，自然而然，流入平庸一途。像王昶所选《湖海诗传》里的诗，最足以为代表。其中如沈德潜《吴山怀古》之一首云：

> 大观亭榭俯丹梯，千尺峰巅一杖藜。
> 孤岭界分城内外，曲江划破浙东西。
> 潮头如马当空立，山势犹龙入望低。
> 吴越兴亡总陈迹，伍胥英爽震群黎。

沈德潜号称大家，尚不过如此，其他更不必说了。这是时代使然，无可如何的事。本来是“物不得其平则鸣”，今既得其平，可以不鸣；可以不鸣而偏要鸣，那当然是敷衍成文，而没有真情流露于其间了。

然清初的诗固然好，而明末遗民，又往往过于激烈，未免怨诽而乱了，像卓尔堪所选的《明四百家遗民诗》，最足以为代表。其中如万寿祺的《入沛宫》三首之二云：

> 泗亭春尽树婆娑，汉帝宸游不再过。

魂魄有时还至沛，楼台落日半临河。
风吹大泽龙蛇近，天入平沙雁惊多。
我亦远随黄绮去，东山重唱采芝歌。

怨诽而不免于乱，这也是有激而然。总之明遗民诗，往往过于激烈；乾嘉以后的诗，又过于平庸。只有王渔洋，恰在这中间，既不是言之无物，又不是怨诽而乱。因为渔洋生于明末，然明亡时，年纪尚小，和其他的遗民不同；却又目睹兴亡，和生长在乾嘉以后的人又不同；况他又是个富于感情的人，能不有所谓“故宫禾黍”之感么？所以他的诗，也往往带一些感时伤事之意，却又低徊往复，而不忍直言。比如《晓雨复登燕子矶绝顶》云：

岷涛万里望中收，振策危矶最上头。
吴楚青苍分极浦，江山平远入新秋。
永嘉南渡人皆尽，建业西风水自流。
洒泪重悲天堑险，浴凫飞燕满汀洲。

永嘉人尽，建业水流，无处不是含着亡国之感，不过不露痕迹罢了。读者试将他和沈德潜的《吴山怀古》、万祺寿的《入沛宫》相比，便可以知道他的诗和时代的关系了。

就是他著名的《秦淮杂诗》，也是凭吊故国之作。比如其中两首云：

旧院风流数顿杨，梨园往事泪沾裳。
樽前白发谈天宝，零落人间脱十娘！

如云：

新月高高夜漏分，枣花帘子水沉薰。
石头巷口诸年少，解唱当年白练裙。

前一首大有“正是江南好风景，落花时节又逢君”之意，第二首大有“白头宫女在，闲坐说玄宗”之意。至于其中又一首如：

当年赐第有辉光，开国中山异姓王。
莫问万春园旧事，朱门草没大功坊！

这显然是在凭吊徐中山。又如其中再一首云：

新歌细字写冰纨，小部君王带笑看。
千载秦淮呜咽水，不应仍恨孔都官。

此诗之刺阮大铖，更为明白显著了。

（六）

再说到地理的关系，就是因为他是个山东人。山东在黄河流域，所以他的诗，是《国风》《小雅》之遗，而没有染长江流域文学的彩色。

就黄河流域说，也各地不同。山东为黄河流域中最富庶之区，而且山水很好，大明湖、趵突泉，风光清秀，水木明瑟，大有江南风景，黄山谷说得好："济南潇洒似江南。"渔洋生长于此，所得的山水之助，一定不少。

又况山东是孔子的故乡。孔子当年，讲学于此，应用诗教，以养成人民温柔敦厚之风，鲁国人所受的感化，当比他国人要更深一些。这种温柔敦厚之风，是一直遗传下来的，不遇着诗人，不易表现出来，都含蓄在内面，一遇着王渔洋这样的诗人，便一齐表现在诗歌中了。

照此看来，王渔洋的诗，和地理的关系，岂不是也很深么？

（七）

总观以上各说，可见王渔洋能得《诗经》之传，乃有种种的关系，并非是偶然的事。而且他的诗，在实质上，纯然是温柔敦厚的感情，并没有他种实质（如第二节所说的各种实质），糅入其间。所以可称为《诗经》之嫡传。

与王渔洋同时的人评论王渔洋的诗，虽不曾说明他的诗是《诗经》的嫡传，然他的诗的真价值，也已看出了。比如张九徵云：

> 笔墨之外，自具性情。登览之余，别深寄托。（见《渔洋诗话》）

按：笔墨外之性情，就是含蓄，也就是温柔敦厚。他人的感情，尽情发表出来；渔洋的感情，却含而不吐。这就是渔洋诗的好处。再看别深寄托一句，也就可知渔洋的诗，是得着《诗经》比兴之旨了。

又如刘体仁云：

> 读同时他人作，虽心知其十倍于我；倘假以学问，似若可追。至阮亭，即使我更读书三十年，自觉去之愈远。正如仙人啸树，其异在神骨之间；又如天女微妙，偶然动步，皆中奇舞之节。当使千古后谓我为知言。

按：他人诗可以学而能；渔洋之诗，不可以学而能。这就是学问可以读书得来，性情不可以读书得来。而温柔敦厚的性情，尤不可以读书得来。仙人之啸、天女之舞二句，尤能道出渔洋诗的好处。

又如吴陈琰为《渔洋蚕尾续集序》云：

> 司空表圣论诗云：梅止于酸，盐止于咸；饮食不可无酸咸，而其美常在酸咸之外。余尝深旨其言。酸咸之外者何？味外味也。味外味者何？神韵也。诗得古人之神韵，即昌谷所云：骨重神寒。诗品之贵，莫逾于此矣。

按：这话虽然不错，然不能算深知渔洋。因为他只说渔洋的诗是神韵好，尚未能充分说出渔洋诗的好处来。而后人误会了，以为神韵就是才力薄弱的表示。才是冤枉！然大意仍是不错的，仍可以和我的话互相发明。

总之：拿一切的话来说明渔洋诗的好处，不如说他的诗是《诗经》的嫡传。

（八）

和渔洋同时的名家真不少：如江左三大家（钱牧斋、吴梅村、龚芝麓），如岭南三大家（陈元孝、屈翁山、梁药亭），如南施北宋（施愚山、宋荔裳），这许多人，不能遍举。或以才力胜，或以典丽胜，比他雄厚宏博的很多，然不能称正宗。就是他人的诗，不能算《诗经》的嫡传；王渔洋的诗，能算《诗经》的嫡传。人家称他才力弱，是不相干的。诗是发抒感情的，并不要讲才力；倘然要大才博学的人，才能作诗，那么《诗经》上的《国风》，为什么多是闾巷歌谣呢？

从这一点看来，所以我承认王渔洋的诗，是《诗经》的嫡传，可以当得正宗而无愧。

除了王渔洋之外，同时的诗家，据我个人的眼光看来，便是要算海宁查初白（名慎行）、宣城施愚山（名闰章）了。

附录

诗的作法

第一章　作诗的基本知识

第一节　一件冲突的事

我在开始写这一册《诗的作法》以前，我自己就患了前后冲突的毛病。为什么呢？就是我曾经对人家说过："诗是没有作法的。"诗既然是没有作法，如今又大谈其作法，岂不是前后相冲突么？倘然这本书能够存在，那就要取消前言；倘然不肯取消前言，那么，这本书就不能存在。

不过，话虽然是如此说，事实上并不是如此简单。所谓诗没有作法，是教人家不要按照固定的格式去填字。按照固定的格式去填成的诗，完全是机械的东西，绝对作不成好的诗，绝对作不成真的诗。一般的学诗者都误认为诗是有几种一定的方法的，好像代数几何中的定例一样，只要把这几条定例学会了，就可以作得出好诗。这种观念是绝对的错误，所以我说诗是没有作法的。

那么，现在为什么又要说诗的作法？我这里所说的诗的作法，不过把作诗的经验写出来，供给人家的参考，以启发人家的心思，引起人家的兴味，绝对不是规定了几种格式，叫人家按照这格式去填字。所以诗的作法是叫人家如何拿符号（是指文字）来表现自己的情感，不是叫人如何拿墨（也是指文字）来填纸上的空白。

情感是千变万化，没有相同的，所以诗要如何作法，也是千变万化，没有相同的。这里所说的作法，只算是举例，全靠读者触类旁通，因此自己创造出方法来，决不可按照这些方法去做。

根据上面所说的话，诗的作法，是永远不能规定的；所以本书也绝对不能用科学化的方法来写。因为用科学化的方法写，无论你怎样的精密，总是机械的方式。我们要知道机械的方式是作诗的人绝对不适用的。

第二节　请先读两部书

上面说了这许多话，恐怕读者还是不十分明了。不要紧，能够明了固然好，不能够明了，也无妨暂且搁起，且看下文。

现在我所再要说的话，就是我自己登一个卖书的告白。请读者在读这本书之前，另外先读两本书。这岂不是登一个卖书的告白么！话虽如此说，实在是非如此办法不可，所以我不避人家的讥诮，将告白登出来。上文所谓两本书，是哪两种书呢？一是《诗歌学 ABC》，二是《诗人生活》。这两本书都是世界书局出版的，读者连同这本《诗的作法》一同购买，很不费事。

若有人问："为什么要先读这两本书呢？"我道："就是要作诗须先明白一点诗学原理，然后作起诗来，方不至于走错路。关于谈诗学原理的书，虽然也不止这两种，不过照我的意见，这两种书比较地便于初学，而又是我自己作的，和这本《诗的作法》当然是有连带关系的地方，所以就举出这两种书来了。我虽然是自己替自己登告白，同时实在是替读者着想。这一点想必能得到读者的谅解吧。"

你们读了《诗歌学 ABC》及《诗人生活》，至少是已经明白了诗是什么，人为什么要作诗。先把这个问题明白了，然后可以谈诗的作法。就是批评的人，倘然不弃，对于我这本书加以指正，也请兼读一读《诗歌学 ABC》及《诗人生活》，然后对于这本书才不至于发生误会。

第三节　诗与非诗

我们既然提起笔来作诗，总希望所作成的是诗，而不要作成非诗。既然如此，我们又要先认清楚怎样是诗？怎样非诗？

我们认定了诗是人们情感的表现，所以每首诗里都有人们的情感。虽然有时候诗的中间也有外面的事实，或作者的思想，但终必以情感为主；倘然绝对没有情感，那就可以说不是诗。

在旧诗里作诗的人对于这一点往往弄不清，在新诗里作诗的人比较地能明白这个道理。不过，也许有人不曾十分明白，尤其对于旧诗不能鉴别。

今请将旧诗中最不容易辨别的几种拿来说说：我们把这几种能够分别得清楚了，那么鉴别的眼力就有了。

第一种咏史诗与吊古诗不容易分别。本来所谓咏史诗是立在客观的地位评论历史上的人物，吊古诗是作者写他对于古迹而发生的感慨。照诗学原理说：吊古诗是诗，而咏史诗不是诗。然在旧诗里两者极不容易辨别。我们可举几首诗为例，如下：

一舸

吴伟业

霸越亡吴计已行，论功何物赏倾城。
西施亦有弓藏惧，不独鸱夷变姓名。

咏虞姬

吴永和

大王真英雄，姬亦奇女子。
惜哉太史公，不纪美人死。

真州绝句之五

王士禛

江乡春事最堪怜，寒食清明欲禁烟。
残月晓风仙掌路，何人为吊柳屯田？

乌衣巷

刘禹锡

朱雀桥边野草花，乌衣巷口夕阳斜。
旧时王谢堂前燕，飞入寻常百姓家。

这里前两首是咏史诗，后两首是吊古诗。我们只要从这一点看去：前两首是立在客观的地位评论西施与虞姬，后两首是作者对于柳屯田及王、谢所发生的感慨。所以前两首没有情感，后两首有情感。前两首看似议论纵横，其实细细一读，便觉毫无意味；后两首看似平淡，其实越是细读越觉得好。我们从这一点看去，咏史诗与吊古诗可以分别得清楚，而是诗非诗也可以分别得清楚了。

第二种是咏物诗与比兴诗不容易分别。所谓咏物诗是立在客观的地位记一物件，所谓比兴诗是作者写他对于此物所发生的感慨，或借此物以抒写他的感慨。照诗学原理说：比兴诗是诗，而咏物诗不是诗。不过在旧诗里两者极不容易分别。现在举两首诗为例，如下：

山居杂诗之一

元好问

瘦竹藤斜挂，丛花草乱生。
林高风有态，苔滑水无声。

东栏梨花

苏轼

梨花淡白柳深青，柳絮飞时花满城。
惆怅东栏一株雪，人生看得几清明。

我们拿这两首诗细细地比较，就可以明白：前一首写竹，写藤，写花，写草，写林，写风，写苔，写水，虽然写得好，然都没有和人发生关系。所以说它是咏物诗。后一首写梨花，却是从梨花而感觉到人生无几时。所以说它是比兴诗。我们拿这两首诗比较起来，自然是觉得后一首比前一首好。为什么呢？前一首没有作者的情感，后一首有作者的情感。竟可以说前一首不是诗，后一首是诗。

第三种是纪事诗与感事诗不容易分别。所谓纪事诗是立在客观的地位记一件事，所谓感事诗是作者抒写他对于此事所发生的感慨。而在旧诗里也很不容易分别。现在举两首诗为例如下：

喜雨

范成大

昨遣长须借踏车，小池须水引鸣蛙。
今朝一雨添新涨，便合翻泥种藕花。

剑门道中遇微雨

陆游

衣上征尘杂酒痕，远游无处不消魂。
此身合是诗人未？细雨骑驴入剑门。

我们把这两首诗比较一比较看：前一首只不过是呆板的记一件田家得雨的事，后一首除了记事以外，更有作者的情感在里面，不单是记出门遇雨的事。我们照前例说，当然是觉前一首不好，后一首好。也竟可以说前一首不是诗，后一首是诗。

第四种是假情感与真情感不容易分别。前面所说的是关于无情感与有情感的辨别，已经是不容易了；还有假情感与真情感，那更不容易分别。当然是要真情感，才算是好诗；假情感无论如何，不能算是好诗，也可以说不是诗。譬如真哭、真笑，无论如何，都可以感动人；假哭、假笑，不但是不能感动人，有时反惹起人家的厌恶。假哭、假笑，对于阅历深的人不能瞒过，对于阅历不深的就容易瞒过。诗中的假情感，对于读诗多的人也不能瞒过，对于读诗不多的人也容易瞒过。两者是一样的道理。所以说这一点是最不容易辨别的。我们要辨别它，除了多读以外，也没有第二个法子。现举两诗为例如下：

塞下曲

沈德潜

千重沙碛万重山，三载烧荒未拟还。

流尽征夫眼中血，谁人月下唱阳关？

金陵旧院

蒋超

锦绣歌残翠黛尘，楼台已尽曲池湮。

荒园一种瓢儿菜，独占秦淮旧日春。

这两首诗，我们读了，总觉得后一首字字都是从心坎中流出，十分深切；前一首就不免是表面上的话，很是浮浅。这里一真一假，绝对不能混淆。不过在读诗不多的人也许被它瞒过。

读者读完了上面的话，对于诗与非诗总可以有相当的了解。我们把诗与非诗辨别清楚了，然后提笔作诗，就不至于作成非诗了。

第四节　新诗与旧诗

新诗与旧诗，好像是一个重要的问题。旧诗已被人家打倒了，而新诗还没有建设起来。于是就使得作诗的人发生几个疑问：

1. 新诗真是作不好？

2. 新诗产生的时代还不久，还没有到成熟的时期？

3. 旧诗自有其永远不消灭的价值？

4. 因为时代的关系，旧诗已成为冢中的枯骨？

这几个问题如何答复呢？我的意见是如下。诗的体裁有新旧，作诗的对象有新旧，而诗的原理无新旧。能合于原理的无论新旧都好，不合于原理的无论新旧都不好。

汗牛充栋的木板线装的旧诗集，曰某某斋诗稿，曰某某轩诗草，当然十有八九是无病的呻吟；而一本一本铅印的图案画簿面的新诗集，稀奇特别的名称，也不见得十之八九是有病的呻吟。这是什么道理呢？大概所有不大好的作品，就是不合诗的原理吧！其中一二好的作品，不管是新，是旧，自然能够存在的，都是合于诗的原理的。

说到诗的原理，旧的作诗者十个就有九个半说不出，不过其中高明的作者作起诗来，自然能与诗理暗合。新的作者十个之中倒有七八个能说，不过其中不高明的，作起诗来却与原理背道而驰。这也许是患了能说不能行的老毛病吧！

所以我们现在所要解决的不是新诗与旧诗的问题，乃是合于诗的原理或不合于诗的原理的问题。我的意见如下：

1. 情感的自身是超越新旧的，只有各个人的差别，而没有时间上的差别。

2. 思想及事实是有新旧的，生于现代的人当然要有现代的思想及写现代的事。

3. 体裁的新旧，当以受束缚、不受束缚为标准。旧式的五言七言大概是束缚的，然在适当的时候，能完全达意，而且很自然，那也不算束缚。新诗当然是不受束缚了，但是也有人有意作成全首八言或十言，岂不是和旧诗患了同样的毛病！

4. 诗的原理万万不可违背。违背了，便不成为诗。但是不明白诗的原理的人所作的诗，也可以与诗的原理暗合。

我们把这个意思弄明白了，那么，对于前面所说的各个疑问可以不解决而自解决了。换一句话说：就是不成问题了。

上面所说的许多话，也许有人说我是空口说，没有凭据。现在且举几个实例证明如下。只要读者不嫌麻烦，我是很喜欢乱说的。

第五节　情感超越新旧的问题

情感是人对于物所感觉到的喜怒哀乐等。情感的自身是没有所谓新旧的。譬如古诗十九首之一云：

涉江采芙蓉，兰泽多芳草。
采之欲遗谁？所思在远道。
还顾望旧乡，长路漫浩浩。
同心而离居，忧伤以终老。

这首诗是约在二千年前时人作的。但是在当时读起来觉得是如何的好，在今日读起来还是觉得是如何的好。因为它纯是抒写情感，而这种情感是没有新旧差别的。除非将来科学发达到极点，人类的生活大大地改变了，每一对夫妇，或是情人，每两个朋友，永久是住在一处而不分离，那么，这首诗中间离别的情感才成了过去的陈迹，这首诗才根本不合于现代（指未来的现代）的潮流。但是，这一天离开今日（民国二十年）还不知有多少远。总之，只要世界上有离别这件事，这首诗中的情感就不发生新旧的问题。

又如刘禹锡的《竹枝词》之一云：

杨柳青青江水平，闻郎江上唱歌声。
东边日出西边雨，道是无晴却有晴。
（按："晴"字隐"情"字，是双关两意。）

这首诗的情感可算是完全超越出时间的关系。除非杨柳的叶子变成红的，除非江里没有水，除非女孩子们的耳朵都聋了听不见唱歌声，或男子的喉咙都哑了不能发声唱歌，除非永远不出太阳，永远不下雨，除非男子女子的心都变成死灰枯木，而没有感觉，这首诗才算是不合于现代（未来的现代）的潮流。但是究竟有没有这一天，我的知识浅薄，不能预测。就说有这一天，那么，诗的自身也没有了，还要争论什么新旧！

上面把情感没有新旧的差别的话说明白了，我们再要说的一个问题就是情感虽没有新旧的差别，而却有各个人的差别。在同一个时候，杜甫是杜甫的情感，李白是李白的情感，李贺是李贺的情感，李商隐是李商隐的情感。以至于一切所谓诗人的情感，无不是如此。倘然不是如此，便是失去了个性，便没有存在的价值。

我们试看李白的诗是怎样：

风吹柳花满店香，吴姬压酒劝客尝。
金陵子弟来相送，欲行不行各尽觞。
请君试问东流水，别意与之谁短长？（《金陵酒肆留别》）

再看杜甫的诗是怎样：

国破山河在，城春草木深。
感时花溅泪，恨别鸟惊心。
烽火连三月，家书抵万金。
白头搔更短，浑欲不胜簪。（《春望》）

再看李贺吧：

茂陵刘郎秋风客，夜闻马嘶晓无迹。
画栏桂树悬秋香，三十六宫土花碧。
魏官牵车指千里，东阙酸风射眸子。
空将汉月出宫门，忆君清泪如铅水。
衰兰送客咸阳道，天若有情天亦老。
携盘独出月荒凉，渭城已远波声小。

（按：此诗题为《金铜仙人辞汉歌》。咏魏明帝召取西汉故宫捧露盘仙人移置殿前事。）

再看李商隐吧：

嵩云秦树久离居，双鲤迢迢一纸书。
休问梁园旧宾客，茂陵秋雨病相如。（《寄令狐郎中》）

李白说："请君试问东流水，别意与之谁短长？"杜甫说："烽火连三月，家书抵万金。"李贺说："天若有情天亦老。"李商隐说："茂陵秋雨病相如。"我们只要读了这几句诗，就可以看出他们各个人情感的差别。

照此说来，情感是没有新旧的问题，乃是各个人的问题。

第六节　思想新旧的问题

我们在前面已经说过，作诗以情感为主，不是以思想为主；

但是，诗的中间也许有思想夹在里面。比如李商隐的诗云：

> 云母屏风烛影深，长河渐落晓星沉。
> 嫦娥应悔偷灵药，碧海青天夜夜心。(《嫦娥》)

这首诗有情感，有思想。但是它的思想是旧思想。又如下面一首诗云：

> 冷雨疏烟做晚凉，雨余明月吐清光。
> 始知浴罢天然美，不用云罗助晚妆。(《雨后》)

这首诗有情感，有思想。但是它的思想是新思想。就是所谓裸体美。这种思想在五十年前，甚至于二十年前的中国，是不会产生的。这首诗的作者乃是我自己。我很荒谬，把我自己的诗拿来做例。我很郑重地向读者声明：我并没有其他的用意，只不过在写这本书时，偶然想不起别的诗，只偶然想到这一首诗罢了。援梁任公著书把自己写在书中的前例，想读者对于我当不见怪吧！

闲话少说，且说我们把这两首诗比较一下，就可以知道思想是应该新而不应该旧了。倘然我们现在作诗，还是李商隐的那种思想，那就一定没有多少价值；何况旧的思想还有时和新时代的潮流有显著的冲突哩！

第七节　事实新旧的问题

我们在前面也已说过，作诗是以情感为主，不是以事实为主；然诗的中间也许有事实夹杂在里面。比如杜甫的诗云：

剑外忽传收蓟北，初闻涕泪满衣裳。
却看妻子愁何在，漫卷诗书喜欲狂。
白日放歌须纵酒，青春作伴好还乡。
即从巴峡穿巫峡，便下襄阳向洛阳。(《闻官军收河南河北》)

这首诗有情感，有事实。但是它中间的事实是李唐天宝时代的事实，而不是现代的事实。又如于右任的诗云：

存且偷生死更悲，余收尔骨尔尤谁？
平生慷慨争民党，一战仓皇委义旗。
罴虎连云思将帅，流亡载道泣孤嫠。
良心痛苦吾能说，又到鸡鸣午夜时。(《义旗》)
(按：此诗为民国二年作，记讨袁失败事。)

这首诗有情感，有事实。但是它中间的事实，是民国时代的事实。虽然离开现在也有十八年了，但是比着天宝时代的事，总觉是近得多。所以于先生的诗在现代的价值比杜先生要高得多。

我们读了这两首诗，可以知道生在现代的人应该记现代的事了。

第八节 体裁新旧的问题

体裁新旧的问题，我在前面早已说过，只以受束缚、不受束缚为标准，不管是什么体裁都是可以的。现在举几个旧诗中因受束缚而弄坏了的例如下：

孟浩然《送元公至鄂渚》诗云：

> 岘首辞蛟浦，江边问鹤楼。

又孟浩然《送谢录事之越》诗云：

> 想到耶溪日，应探禹穴奇。

这里他所说的鹤楼，分明是黄鹤楼。我们也不曾听见黄鹤楼可以简称鹤楼。孟老先生却受了五言的限制，不得不硬割去一个字，称为鹤楼。他所说的耶溪，分明是若耶溪，他也被五言所限，不得不硬割去一个字，称为耶溪。岂知这两个字是不能割裂的，割裂了，就不成文。这是一个旧诗受束缚而弄坏了的好例。

孟浩然是被五言所限，割裂地名，去就固定诗的格式。却是又有人要作七言诗，嫌字不够，硬把不须要的字装上去，凑成七个字。这一类的诗很多很多，而其中最好的一个例，就是明人李攀龙的《明妃曲》。他的诗云：

天山雪后北风寒，抱得琵琶马上弹。
醉后不知青海月，徘徊犹作汉宫看。

这一首诗真好笑。它每句的开头两个字都可以拿去。我们把它拿去了，就变了一首相对更好的五言绝句。读者请看下文吧：

雪后北风寒，琵琶马上弹。
不知青海月，犹作汉宫看。

如此岂不是更好些么！当时李攀龙作这首诗，不知是先立意要作七绝，便作成这首坏诗呢？还是无意中作成这一首坏诗？总之，被我们说穿了，总觉得是每句头上拿去了两个字比较好些。

也许有人说：第一句“天山”二字是指示明妃所在的地方，是不可拿去的。其实不然。下面有“青海”二字，也是指示明妃所在的地方，那么，只要有一处指示她所在的地方，已经够了，何必要重复。也许有人说：“抱得”二字不可割去。这话也不对，抱得二字有了不嫌多，没有也不嫌少。至于“醉后”二字就很可以删去，“徘徊”二字那就更无聊了。

这个例刚巧和前一个例相反，而受束缚的害处，两个例都很显著。我们看了这两个例，已可以得到适当的了解。如今再举一个关于平仄的束缚的例如下。我在小时候就读熟了袁凯的一首诗如下：

江水三千里，家书十五行。

行行无别语，只道早还乡。(《京师得家书》)

那时候只觉得这首诗好，却不知道袁凯是何时何地人。稍后，已经知道袁凯是明初时人，是华亭人，但还不曾怀疑这首诗中有一个被后人改的字。再过了几时，读影印原刻的《袁海叟集》，见这首诗的第一句是作“江水一千里”。我因此想到作“一千里”是对的，作“三千里”是不对的。因为诗的题目是《京师得家书》，可知他这首诗是在京里作的，而在袁凯时（明太祖时）明代的京城是在南京，袁凯是华亭人，从华亭到南京没有三千里，可知“一千里”是对的，“三千里”不对（也不见得确是一千里，不过一千里比三千里为比较的对）。“一千里”是他的原文，“三千里”是后人替他改的。后人为什么要替他改呢？因为照旧诗的格律说，“一”字是平仄声不调，“三”字，平仄声是对的。他们只顾平仄声的调和，而不知道失却了原作者的本意。这是平仄声的束缚的一个例。

我们作诗的人只要能把这些束缚完全解除了，不管是新，是旧，都可以的。比如胡适之的《希望》云：

我从山中来，

带得兰花草；

种在小园中，

希望开花早。

一日望三回，
望到花时过；
急坏看花人，
苞也无一个。
眼见秋天到，
移花供在家；
明年春风回，
祝汝满盆花。

这首诗除了分行写以外，完全是一首旧式的五言古诗。又如刘大白的《八月二十二日月下》云：

愿把团圞寄与君，
青天碧海隔殷勤。
耽心最是明宵月，
定比今宵瘦一分。

这首诗除了分行写以外，完全是一首旧式的七言绝诗。

然而他们的诗不能说不是好诗。有人当它们是新诗看，也可以；有人当它们是旧诗看，也可以。这样说来，体裁的新旧是没有多少问题的。我说这话，绝对不是我主张凡是作的人必须要作得如此。除了这样的以外，任便怎样，都可以。譬如像下面所举的例都是好诗。

秋意

刘大白

虫声满耳，
午眠刚起，
认取一丝秋意。
秋意，秋意，来从风里。
是秋底意？风底意？——
毕竟起从心地。

一九二一年八月九日在杭州

这是一首近于词的新诗。

听高丽玄仁槿女士奏佳耶琴

修人

没处洒的热泪，
向你洒了罢。
你咽声低泣，
你抗声悲歌，
你千万怨恨都迸到指尖，
指尖传到琴弦，
琴弦声声地深入人的心了。
你发泄了你的沉痛多少？
蕴藏在你心底里的沉痛还有多少？
啊！人世间还剩这哀怨的音，

总是我们的羞罢！

我的高丽啊！

我的中华啊！

我的日本啊！

我的欧罗巴啊！

这是一首近于散文的新诗。

春水之一

冰心

诗人也只是空写罢了，

一点心灵

何曾安慰到

雨声里痛苦的征人。

这是一首小诗。

旧梦之一

刘大白

泥中呢？

水面呢？

谁作主啊？

风是落花的司命。

这又是一首小诗。

山歌（用江阴方言）

刘复

河边浪阿姊你洗格舍衣裳?

你一泊一泊，泊出情波万里长。

我隔子绿沉沉格杨柳听你一记一记捣，

一记一记齐捣勒笃我心上。

（原注）“一记”方言谓“一下”。

（编者补注）“浪”方言“上”。“格”方言“的”。“舍”方言“什么”。“隔子”方言“隔着”。“勒笃”方言“在”。

这是一首拟作的民歌。

这种种的体例虽然各不相同，但我以为都是好诗。

第九节　合于诗学原理的问题

我屡次说过，作诗必须合于诗学原理。倘然不合于诗学原理的，简直不能算是诗。不过，明白了诗学原理的人，未必就会作诗；而不懂诗学原理的人，作起诗来，也可以与诗学原理暗合，也可以作出很好的诗来。

举几个实例来证明吧。比如清代的章学诚，他在他的《文史通义》里有一篇《文理》，中间有说到诗歌原理的地方，确能说得很透彻。但是章学诚自己并不会作诗。

反转来说，清初的作者如王士禛、查慎行、施闰章等人，谈起诗学原理来，实在比不过章学诚；但是他们的诗都作得极好。况且不必要是所谓文人才作得出好诗，就是不读书、不识字的人，也可以作得出好诗。比如《随园诗话》载一首樵夫哭母的歌道：

叫一声，哭一声，儿的声音娘惯听。如何娘不应？

这首歌是一个不识字的樵夫作的。他当然不知道什么叫诗学原理，但是他随口唱出来的歌，就是极端文人化的袁子才也承认它是好。

又如朱骏声曾选了一部诗，名叫《如话诗钞》，中间有一首无名氏的《端午》诗云：

满斟碧酒泛菖蒲，先醉婆婆后小姑。
婆醉有侬侬有婿，小姑醉煞倩谁扶？

这首诗是一个女子的口吻。真是女子作的？或是托为女子的口吻？虽不可考，但可决定是当时候流传在民间的一首民歌，而不是当时文人所能拟作的。无论如何，这个作者他决不能彻底明白诗学原理，只是他作的诗能暗合于原理罢了。不过作诗的如能够明白诗的原理，那就更好了。

第二章　如何写诗

第一节　如何动笔作诗

以上所说是动笔作诗以前的一点基本知识。我把这话说过了，现在再说如何动笔作诗。作诗并不是像前清时代考秀才一般的，由“学台”出了诗题，叫“考相公”照着诗题去作什么“五言八韵”；也不是像现代学校里的作文课一般，由教员把题目写在黑板上，叫学生按着题目去作文。关于作诗的话，朱夫子说得最好。他在他所注的《诗经》序文里说道：

或有问于予曰：“诗何为而作也？”予应之曰：

“人生而静，天之性也。感于物而动，性之欲也。夫既有欲矣，则不能无思；既有思矣，则不能无言；既有言矣，则言之所不能尽，而发于咨嗟咏叹之余者，又必有自然之音响节族（音‘奏’）而不能已焉，此诗之所以作也。”

朱子这一段话虽然也有所本，但是没有他说得这样明白透彻。所以我这里就只引朱子的话，而不追本穷源地作文学史式的考证了。就朱子这段话看来，我们可以知道如何动笔作诗。现在再简单地说明如下：

1. 我们必须先有所感，而后须要作诗。倘无所感，就根本不必作诗。

2. 诗是我们说不出的情感，而由咨嗟咏叹发抒出来的。倘然是用普通言语说出来的机械式的话，不能算诗。

3. 由咨嗟咏叹而发抒出来的情感，自然成为音节，更不必注意什么五言、七言、三行、四行。也不必注意什么“仄仄平平仄”，和什么“抑扬、扬抑”。

总之，诗就是真情的自然流露，而成为自然的音节。不过这种真情自然流露出来时，我们如何用符号（就是文字）把它记录在纸上，也要有适当的方法。有了这种适当的方法，至少可以帮那自然流露的真情，使它成为一种有价值的作品。这就是所谓如何动笔写诗了。

现在我试举一个例吧。譬如有像下面的一段感想：

我有一种说不出的隐痛，平时不和外界的东西接触，倒也不觉得什么。一天，是个早秋的夜里，月光很好，我抬头看见天上的明月，不知怎样便引起我的感想来。想道："我的痛苦没有人能够知道的，大概只月亮能够知道。现在月亮是很明地照在我的头上，把我一身都照得很清楚；但不知道它肯不肯照一照我的心。现在我就请求它照照我的心吧！"

这样一段弯弯曲曲的感想，很有作诗的可能。但是像上面这样地写出来，不能算诗。我们要如何写才算是诗呢？

我们可以把上面的一段文字细细地看看，哪几句话最重要，然后用最简单的文字把最重要的话达出来。只要能够达意，文字愈简愈好。

我们细细看罢之后，自然是觉得最后面"请求月亮照我的心"这句话最为重要。因为有了这句话，前面的话都可以不言而喻了。倘然我没有什么说不出的隐痛，就不要有这种请求；今既然有这种请求，当然先有这种隐痛。所以有了后面的话，前面的话可以不言而喻。

现在就把"请求月亮照我的心"的话写成诗，是怎样的写法呢？

倘然写成一首新诗是如下：

月儿！
你不要单照在我的头上，
请你照我的心吧！

倘然写成两句旧诗，也可以的，便是：

寄言头上团圞月，劝汝分光照我心。

这不过是千万个作诗法中间的一法，决不是说：作诗法仅只如此，学会了这一个秘诀，就可以大作其诗了。

假定作诗有一万个法子（恐怕还不止一万个），那么，除了这一个，还有九千九百九十九个。唉！九千九百九十九个，一时如何说得完？现在只好就我所能够想到的，随便写几个在下面，写一个，是一个罢了。

但是，读者不要急。孔夫子早说过："举一隅不以三隅反，则不复也。"这句话成了后来读书作文者的指南针。只要会得触类旁通，学到了一个法子，就可以自己悟出三个法子。那么，我说一个法子，读者可以悟出三个；我说三个，读者可以悟出九个。所以我说的虽然不多，只要聪明的读者们善于领悟，那就"取之不尽，用之不竭"了。

我呢，不过是立在启发的地位，替读者引一个端，将来读者凭自己的聪明，由此变化出来的方法，由此创造出来的作品，比我要好得十倍、百倍，是不足为奇的。我预先在这里祝贺！

第二节　就语言为诗

我们读了前一节的话，可以知道：我们有了一种感，先把它用散文写出来，然后再把它改成诗。喜欢作新诗的就作新诗，喜欢作旧诗的就作旧诗，都可以的。但是旧诗比新诗容易受束缚，所以我不希望人家多作旧诗。

我们的感想用散文写出来，可以改为诗，因此，推广一下，把现成的语言改为诗，也可以的。只要是饱含着诗意的语言，都可以拿来改为诗。虽则不是一个根本的产生诗的原则，但是在练习作诗的时候，这个法子是可以用的。古代有许多名家，间或也用这个法子。现在举几个实例如下：

第一个例，《随园诗话》上说：有一人家园子里担粪的园丁，一天，在园子看见梅花将要开了，对主人说道："梅树满身是花！"主人闻言，就触动诗兴，把他的一句话改作一句诗云：

梅孕一身花。

这一句诗，虽然不能说是十分好，但是照旧诗格律说，是很妥当的。虽然没有很深的情感，但是有极丰厚的修辞意味。就是把梅树人格化了，把梅树当人看。园丁的原语，好在一个"身"字，主人就由"身"字想出"孕"字，便成了这样的一句诗。

第二个例，五代时吴越王钱镠寄其夫人书云："陌上花开，可缓缓归矣。"王渔洋《香祖笔记》说："不过数言，而姿致无限，虽复文人操笔，无以过之。"余按，这一句话真是饱含着诗意。近人有散文诗的名称，像这句话，可算是旧诗中的散文诗。就是要把它改为一句旧式的七言诗也很容易。就是：

陌上花开缓缓归。

第三个例，王右军帖云：“寒食近，得且住为佳耳。”宋人辛稼轩就用它为《霜天晓角》词云：

明日落花食日，得且住为佳耳。

又《玉蝴蝶》词云：

试听呵！寒食近也，且住为佳。

因为原文虽是小简，但也饱含着诗意，所以辛稼轩能改它为词。

第四个例，苏东坡在颍州时，有一个正月的夜里，庭前梅花盛开，月色明霁，王夫人说：“春月胜于秋月。秋月令人惨凄，春月令人和悦。可召赵德麟辈来饮此花下。”东坡闻言说道：“吾不知子能诗耶！此真诗家语耳。”于是就约了赵德麟等人来赏月、看花。并填了一首《减字木兰花》的词云：

春庭月午，摇落春醪光欲舞。转步回廊，半落梅花婉婉香。

轻风薄雾，都是少年行乐处。不是秋光，只与离人照断肠。

他的后半阕就是采用王夫人的语意。从来谈词的人，只知说东坡的词是得着王夫人的帮助，但是在今日看起来，东坡的词反不及王夫人的话活泼而自然。

第五个例，苏东坡词作《定风波》之一，其序云："王定国歌儿曰柔奴，姓宇文氏，眉目娟丽，善应对，家世住京师。定国南迁归，余问柔奴：'广南风土，应是不好？'柔对曰：'此心安处，便是吾乡。'因为缀词云。"余按，"此心安处，便是吾乡"，这八个字也有诗意。东坡该词的末两句云：

试问岭南应不好，却道：此心安处是吾乡。

记得前三四年，我也有一句诗云：

久客江湖便是家。

虽不是有心用柔奴的语，而且境界也略有些不同，然多少有点关系。或者是先读过这句话，本已忘记了；但作诗时却又无意中得了它的启示，而不自觉。

以上所述，有就语言为诗的，有就语言为词的。但是我现把它一起拿来讲，也不必分为诗、词了。读者读了这一段话，或者可以启发你们的心思，而得到一点益处。

第三节 就诗为词

前一节既然说过就语言为诗，这里索性再说一说就诗为词。我们看了前人就诗为词的实例，一方面可以知道诗词变化的关键，另一方面可以启示我们，再进一步，把旧诗解放成新诗。

现在先看就诗为词的一个例。苏东坡《洞仙歌》词，自序云：

仆七岁时，见眉州老尼，姓朱，忘其名，年九十岁。自言尝随其师入蜀主孟昶宫中，一日大热，蜀主与花蕊夫人夜纳凉摩诃池上，作一词，朱具能记之。今四十年，朱已死久矣，人无知此词者，但记其首两句，暇日寻味，岂洞仙歌令乎？乃为足之云。

词云：

冰肌玉骨，自清凉无汗。水殿风来暗香满。绣帘开，一点明月窥人，人未寝，攲枕钗横鬓乱。

起来携素手，庭户无声，时见疏星渡河汉。试问夜如何？夜已三更，金波淡，玉绳低转。但屈指西风几时来，又不道流年暗中偷换。

据东坡自序，这首词的前两句乃是借用眉州老尼所述孟昶词。然据《墨庄漫录》引《李季成诗话》，孟昶作的本是一首诗，东坡是将全首诗改为词。如此说来，东坡小序里的话乃是骗人的话了。现在我们且看《李季成诗话》所载的孟昶的原诗是怎样：

冰肌玉骨清无汗，水殿风来暗香暖。
帘开明月独窥人，攲枕钗横云鬓乱。
起来琼户寂无声，时见疏星渡河汉。
屈指西风几时来，只恐流年暗中换。

我们拿后面的诗和东坡的《洞仙歌》词比较起来，很信《洞仙歌》词是就孟昶的诗演成的。东坡序中说孟昶原作疑是《洞仙歌》，其实《洞仙歌》这个词调出现较迟，在五代孟昶时是没有的。那么，越可证明东坡是就诗为词了。

再看就诗为歌的一个例吧。苏东坡同他的朋友在野外宴集，有姓郭的，善唱挽歌，自说恨无佳句，乃改白乐天的《寒食野望吟》诗唱之。

按：白乐天原诗题为《寒食野望吟》，诗云：

乌啼鹊噪昏乔木，清明寒食谁家哭。
风吹旷野纸钱飞，古墓垒垒春草绿。
棠梨花映白杨树，尽是死生别离处。
冥冥重泉哭不闻，萧萧风雨人归去。

将白乐天的原诗和姓郭的所唱的挽歌一比，似乎更多的是形式上的不同。这里或许也可以看得出诗和词的关系。

不过我们由这两个例，可以再进一步，就是把原有的好的旧诗解放成为新诗。今举例如下：

别梦依依到谢家，小廊回合曲阑斜。
多情只有春庭月，犹为离人照落花。

这是唐人的七言绝诗。现在我们把它解放成新诗，看是怎样：

我昨夜做了一个梦，
梦见到了谢家。
分明看见那边
回环的长廊，
曲折的栏干，
还看见满地的落花；
只是冷清清的没有一个人。
多谢那天上的明月，
在慰藉我的寂寞。

我们把这个例细细地一看，把前面的旧诗和后面的新诗细细地比较，我们可以彻底明白旧诗和新诗的分别了。也可以知道如何改变旧诗为新诗了。

也许有人说：那原来的一首唐诗，没有什么“冷清清的不见一个人”的话，在新诗里为什么却有了？我道：在原诗里虽然在字面上没有说出，但实在是有这个意思。它第三句说“多情只有春庭月”，一个“只”字，就包含这个意思。就是除了明月以外，没有人的意思。

也许有人说：原诗里并没有“明月在慰藉我的寂寞”的话，为什么新诗里却有了？我道：这个意思在原诗里也是有的。原诗“多情只有春庭月”，“多情”二字就是这个意思。

我们改旧诗为新诗，只要不失它的大意就好了，不能照着字面改的。

第四节　民歌与文人诗写法之比较

在旧诗里常常看见文人作的诗和民歌有密切的关系，这总不外乎两种情形：或是文人取材于民歌，或是民歌由文人诗变来。例如，我在小时候曾听见乡间的妇女们唱一首山歌云：

> 做天难做四月天，蚕要温和麦要寒。
> 种菜的哥哥要落雨，采桑娘子要晴干。

这是我们认为流传于民间的一首山歌。然最近看见张耒有一首诗云：

> 南风霏霏麦花落，豆田漠漠初垂角。

山边夜半一犁雨，田父高歌待收获。

雨多萧萧蚕簇寒，蚕妇低眉忧茧单。

人生多求复多怨，天公供尔良独难。

这一首民歌和一首文人诗，内容是一样的。我敢说不是张耒取材于民歌，就是民歌从张耒诗变化来的。张耒是宋初人，时代很早，倘然他的诗是取材于民歌，那么，这首民歌的时代就更早了。

但是，我们现在不管它是怎样。不必去做考证的功夫，只把两首作品拿来比较一下，总可悟得出一点写诗的方法。至于考证的功夫，那要让讲文学史的人去做，我们现在讲作诗法，只要比较两种的写法就行了。

这样的例也不止一个，现在再把我所记得起的一个例写在下面，以供读者研究。

原有高丽人名叫申紫霞，他选取了几十首高丽的民歌改成中国的七言绝诗。我读了它，觉得民歌的原意很好，但是改成绝诗以后，实在是太拘束了。然民歌原来的样子是怎样？我又不能知道，况且又是高丽语，而非中国语，我实在没有知道它的可能。我只得根据申紫霞的绝诗，再把它改为民歌，当然不能和原来的民歌一样，但是比较七言绝诗是活泼得多了。现在把它们拿来比较比较，也可以悟得出写诗的方法。

原作之一

水云渺渺神来路，琴作桥梁济大川。
十二琴弦十二柱，不知何柱降神弦？

改作之一

云渺渺，水迢迢。
神来欲渡，把琴作桥。
十二条琴弦，十二支柱，哪条弦上是神来路？

原作之二

茸茸绿草青江上，老马身闲谢辔衔。
奋首一鸣时向北，夕阳无限恋君心。

改作之二

江边芳草萋萋，
闲杀江干老马，鞍辔已全弛，它一片壮心未死。
昂首长鸣，
在夕阳影里，恋君心切，临风无限依依！

原作之三

白蝴蝶汝青山去，黑蝶团飞共入山。
行行日暮花堪宿，花薄情时叶宿还。

改作之三

白蝴蝶！你飞向花丛去。
黑蝴蝶！你飞向花丛去。
花如有意，你便抱花眠；
花若无情，你便抱着叶儿住。

原作之四

青山影里碧溪水，容易东流尔莫夸。
一到沧江难再见，且留明月影婆娑。

改作之四

溪水奔流，欲留也留不住。
它离山赴海，哪肯归原处？
只有团圞明月，落在波心，万古千秋流不去。

我们看了“做天难做四月天”的山歌，再看一看张耒的诗，自然觉得是山歌活泼。我们再一看申紫霞诗的原作和改作，也觉得是改作活泼。因此可以断定民歌比文人诗好么？这也很难说。例如，《楚辞》中的《九歌》，乃是屈原取湘、沅间民歌而改成的；刘禹锡的《竹枝词》，也是刘禹锡取巴、渝间的民歌而改成的。他们二人的改本都很好。本歌虽不可得而见，无从比较；但据后来的民歌以推测从前的民歌，总可以决定原来的民歌的修辞方面，比文人改过的要差一些。只要改的人的手法高妙，不损失原有的情感，又能活泼而不拘束，自然而不牵强，那就好了。闲话不要多说，且说我们看了申紫霞诗的原作和改作，我们一面要比较它们的优劣，一面要希望能从这里悟得出一些写诗方法。

第五节 小诗与摘句写法之比较

我们读了前一节，从民歌与文人诗比较，可以悟出一些写诗的方法来。再有新诗中的小诗和旧诗中的“摘句”，也很可以互相比较，而悟得出一些写诗的方法来。

小诗这个名词，想读者都知道的了，不用再说了。“摘句”是什么呢？就是旧诗中的零碎的句子。意思从全篇中摘录出来的一句两句，所以称为“摘句”。我们也可以叫它是“断句”。这是闲话，不必多说，现在我们且看小诗和摘句的比较。

寂寞空庭春欲晚，
梨花满地不开门。（唐诗）

寂寞空庭，
春光暮了；
满地上堆着梨花，
门儿关得紧紧的。（小诗）

客久见人心。(唐诗)

久漂泊在天涯，
看透了人情世故。(小诗)

生离——
是朦胧的日月；
死别——
是憔悴的落花。(见《繁星》十二页)

憔悴落花成死别，
朦胧残月是生离。(摘句)

白的花胜似绿的叶，
浓的酒不如淡的茶。(见《繁星》八十五页)

白花骄绿叶，
浓酒逊清茶。(摘句)

使生如夏日之绚烂，
死如秋叶之静美。(《飞鸟集》第八十二首)

死如枯叶静，
生似好花妍。(摘句)

蟋蟀的唧唧，

夜雨的淅沥，

从黑暗中传到我的耳边，

好似我已逝的少年时代沙沙地来到我梦境中。（《飞鸟集》第一百九十八首）

凄凄虫语萧萧雨，

勾引前尘到梦中。（摘句）

云把水倒在河的水杯里，

它们自己却藏在远山之中。（《飞鸟集》第一百七十四首）

白云远住深山里，

行雨难忘济世心。（摘句）

我们看了上面这几个例，我们可以知道小诗和摘句是怎样的异同。我们倘然能彻底明白了它们的异同，那么，便可以打破新旧之界，而省却许多无谓的争论。

我说这话，我要很郑重地声明，并不是想保存旧诗，要把所有的新诗都改成旧诗，把所有的小诗都改成摘句。然也不是叫人家作新诗时只向《唐诗三百首》中去偷材料，把旧诗改头换面地作成新诗。我只不过是列举两种不同样的写法，启发初学者的心思，使他从此中自悟出一些写诗的方法。

再说明白点，以上所说的话都只不过是一种参考的资料，绝对不是固定的方法。所谓方法，还要读者从这些参考资料中自己悟出来。

第六节 关于音节的话

说到作诗，大多数的人，以为音节是个极重要的问题。学作旧诗的人，固然要照着一定的“仄仄平平仄”的格式去作，而作新诗的人，也要从“仄仄平平仄”之外去别求所谓新的音节。专门研究旧诗音节的书，有赵秋谷的《声调谱》、王渔洋的《律诗定体》、翁覃溪的《古诗平仄论》《五言诗平仄论》《七言诗平仄论》等。但是我可以说，按照这些书去学作诗是永远学不会的。好在旧诗的音节的束缚，现在人家都已知道了，更不必要我再来攻击。再说新诗的音节是怎样呢？唐钺和刘大白两位先生都曾研究过。唐钺有关于音节的论文载在《国故新探》内，刘大白有关于音节的论文载在《中国文学研究》内。它们当然有它们的价值，可以供给我们研究诗学的人作为参考资料，然学作诗时，依照他们的话去作，未见得作得好。这不是我个人的偏见，读者如不信我的话，也无妨去读一读他们的论文，自己看是如何。

照这样说来，音节问题究竟是怎样的解决呢？据我个人的意见，关于音节的话，还是朱子说得最好。他说：

> ……既有思矣，则不能无言。既有言矣，则言之所不能尽，而发于咨嗟咏叹之余者，又必有自然之音响节族

（音“奏”），而不能已焉。……

他这几句话说得很好。我们把它解释明白一点，就是：

人们有了情感，关在胸中，觉得十分沉闷，不得不发泄出来；然这种情感又不是机械的语言所能发泄得出，于是带唱带叹地发挥出来；既然经过唱叹，那么声音自然有高低、轻重、抑扬、长短的分别，于是就成了音节。

照此看来，诗中的音节是有的。没有音节便不能成为诗。然反转来说，凡是真的诗，凡是好的诗，凡是从心坎里流露出来的真情，都自然有音节，更不必要用什么研究音节的功夫，而后可以作诗。

简单一点说：音节是情感的关系，而不是文字符号的关系。音节的好不好乃是情感真假及情感深浅的关系，不是“平上去入”调和适当，或“抑扬”“扬抑”配置合宜的关系。

情感有种种的不同，如表愤怒的情感，音节自然短促；表思慕的情感，音节自然悠扬。其他表各种的情感，无不如此。这是我们拿古人的诗可以证明的：

……

国仇未报壮士老，匣中宝剑夜有声。

何当凯旋宴将士，三更雪压飞狐城！（陆游的《长歌行》）

这四句诗是表愤怒的情感的。因为陆游生当南宋偏安之世，对于金人的侵略中国，和中国人的苟且偷安、不知振作，很是不平，所以这首诗里都是发泄他愤怒的情感，而音节也急促得很。

> 冰簟银床梦不成，碧天如水夜云轻。
>
> 雁声远过潇湘去，十二楼中月自明。（温庭筠的《瑶瑟怨》）

这一首诗是表思慕的情感的，所以它的音节是很悠扬。

我们把这两诗比较一下，细细地讽咏一下，便觉得前诗宜急读，不宜缓读；后诗宜缓读，不宜急读。倘然读的时候，把它们互换一下，那么它们的情感就完全不能表现出来，同时候诗的价值也就失掉了。

情感这个东西是很复杂的，不是简单的，是变化极多的，不是固定的。所以同是表思慕的情感，也因各个人的性情不同，而音节也就缓急不同。这也是可以实例证明的。

> 狂风吹我心，西挂咸阳树。（李白）

> 白沙亭下潮千尺，直送离心到秣陵。（王士禛）

这两处的诗句都是表思慕的情感的，而且意思也是一样。但因两位作者的性情不同，所以作成的诗的音节就缓急不同。

李白的诗宜急读，不宜缓读；王士禛的诗宜缓读，不宜急读。这不必要我来细细地说明，读者自己实验一下，就可以知道的。

总之，诗是有音节的，然音节是作者的情感的关系，而不是“仄仄平平仄”或“抑扬”“扬抑”的关系。所以音节是须细读每一首诗，就诗去体验出来的，而不是笼统地说应如何如何的。

至于就文字的方面去讲，也有可以说的话，然不是根本的办法。就拿前面所引李白、王士禛二人的诗做例吧。

李白的诗急促的音节，全是一个“狂”字的关系。倘然我们把他的“狂”字改为“秋”字，作：

秋风吹我心，西挂咸阳树。

那么，他的音节就比较和缓一些。

王士禛的诗倘然改作：

亭边江水流如箭，送我离心到秣陵。

那么，也可以比较促迫一点。

难道凡是用到“秋”字，音节都和缓；而凡是用到“狂”字，音节都促迫么？难道“如箭”二字与“千尺”二字平仄声有两样么？这也不然。“如”字是平声，原来的“千”字也是平声。“箭”字是仄声，原来的“尺”字也是仄声。一点没有不同之处。那么，我们可以知道音节的关系，不是“仄仄平平仄”或“抑扬”“扬抑”的关系了。

第七节　关于用韵的话

关于用韵的话，也是学作诗的人急于要问明白的一件事。到底作诗是不是可以无韵？到底韵是不是有一定的地位？到底是要守着旧有的韵书呢？还是照我们现代的语言，照我们自己的口音，觉得和谐时，就算是韵？

这几个问题不十分复杂，只须一二句简单的话就可以答复明白的。现在我且照我个人的意见大略答复如下：

第一个问题，作诗是不是可以无韵？我答道：就中国古代的诗歌考察下来，诗总是有韵的。虽然在上古时代没有“韵书”，但是作诗的人总有自然的韵。不过现代人作的新诗也有无韵的，然他是纯然抒情的，有自然的音节，也不能说不是诗。所以我的答案是：有韵也好，无韵也可以，只要有自然的音节。譬如前面第八节里所引的近人作的诗，就有许多是无韵的。但是我们也不必一定说有韵的便不是好的诗。在相当的情形之下，韵还是要用的。如前面第八节里所引刘复作的山歌，和十三节里我所改的民歌，都是有韵的，然也不觉得被韵所束缚。

第二个问题，韵是不是有一定的地位？我答道：如照旧诗的格式说，韵是有一定的地位的。但是照新诗的格式说，是不一定的。只须任其自然就是了。

第三个问题，倘然用韵，还是守着旧有的韵书呢？还是照现代的语言，照自己的口音，觉得和谐，就算是韵？我答道：语言是有变迁的，古代的韵书，和现代的语言，已多不合。例如，平水韵（今日通行的诗韵）“一东”“二冬”“三江”这三个韵，中间的字，在古代声音是相近的，但在现代“三江”中的字和“东”“冬”两韵中的字声音就不相近了。所以古韵书已不适用于今日了。但是我们倘然要用韵，也不可毫无标准，所以最好是另编一部新的诗韵。这种诗韵，现在已经有了一种，名为《国音新诗韵》，是赵元任作的。我们作诗的人是可以拿来做标准的。然也不可像作旧诗一般，被韵所束缚。

如今我再要连带说一件事，就是所表现的情感如何，和所用的韵有密切的关系。拿“平水韵”来说，“二萧”“三肴”“四豪”“七阳”，这几个韵中的字，声音都很高亢。所以表激昂慷慨的情感，往往是用这几个韵。“一东”“二冬”这两个韵中的字，声音都很和平，所以表现带一点快乐的情感，往往是用这两个韵。此外“四支”“五微”“九佳”“十灰”这几个韵，宜于表悲壮的情感。“十一尤”这一个韵，宜于表幽咽的情感。这是大概的情形，也不是一定不变的。作诗的人也不可十二分地拘泥着。又如四声之中，“平声”韵最和缓，“入声”韵最急促。由各人的性情不同，因而作诗喜用什么韵也不同。譬如同是五言古诗，陶渊明多用“平声”韵，柳子厚多用“入声”韵。这分明因为陶渊明的性情冲和平淡，柳子厚的性情峻急深刻。我们细读一读他们二人的诗，就可以知道我的话不是乱说了。

我在前一节里曾说过：不见得用到“秋”字音节都和缓，

用到“狂”字音节都急促。这里又说这样的话，好像是自相矛盾。其实不然。这里所说的是用韵，韵是用在一句停顿的地方，和其他的字用在不吃紧的地方有些不同；所以是彼此的情形不同，并不是自相矛盾。这是我要郑重声明的。

第八节　用字造句法之一斑

关于用字造句的方法，也是一般学作诗的人以为急于要知道的。在他们的理想中：以为用字、造句，有一种秘诀。看见人家作诗作得好，以为是得到了那种秘诀；自己作诗作不好，以为是没有得到那种秘诀。又把所谓秘诀看成一种固定的东西，好像是钥匙，只要得到了钥匙，一定会开锁；好像图章和印泥，只要得到了图章和印泥，一定会把图章盖在纸上。所以他们急急地寻师访友，请教通人，无非是想人家把这个秘诀传给他。他一旦得到了，立刻就会应用，立刻就变了一个诗人。

他们的理想大概是如此，于是迎合这种心理，起来教人作诗的书，就一部一部地出版。教人家怎样起，怎样结，怎样对。教人家怎样炼字，怎样炼句。这一类的书，自从唐人的《诗式》起，一直到近人所编的作诗法一类书为止，很有好几种。但是学的人是怎样呢？只觉得是不胜其麻烦罢了。结果完全失望！

于是立在反对方面的人，又说：只可以意会，不可以言传。又说：你只管多读，多作，到了后来，自然会作得好。这话固然不错。但是在初学的人听了，又觉得太笼统、太空泛了。只可以意会，不可以言传，叫人如何去会？多读，多作，第一步却叫人如何去作？所以这话也很是使得人不能满意。

那么，关于用字和造句，到底是有法呢，还是无法？是可说呢，还是不可说？

我的答案道：法是有的，但不是固定的。法是可以说的，但是说不尽的。为什么不固定呢？因为同是一个法子，在我作这首诗时适用，在他人作另一首诗时就不适用了。为什么说不尽呢？根据上面的话，一个法子只适用于一处，那么，一百首诗就有一百个法子，一千首诗就有一千个法子，一万首诗就有一万个法子。诗无尽，法子也无尽。任便我写十本八本书也是说不完。任便你把一千个一万个法子都学会了，作起诗来还是不够用。

简单地说一句，就是所谓方法，都是作诗人临时创造的。我们只能参考前人的方法，来帮助我们自己创造方法，决不能因袭人家的老方法。

我绝对不主张叫人因袭方法，依样画葫芦。但我以为供给做参考的方法也不能不要。所以这里随便把我所想到的话写出来，供给人家参考参考。本来无系统，所以也无所谓谁先谁后；本来无限制，所以也无所谓完备不完备。我把这话说明白了，下文再略说一说几种方法。

用字的方法之一种，就是要使所用的字能表现出我的情感。否则这一个字便等于废字。而这种字，在作的人往往是很费了些工夫想出来，而在读者却往往不注意，把它忽略过了，大约越是用得没痕迹的，越是容易忽略过。例如，王士禛的《真州绝句》之三云：

晓上江楼最上层，去帆婀娜意难胜。
白沙亭下潮千尺，直送离心到秣陵。

这首诗中有两个字，一般的人往往把它忽略过了，以为是无关紧要的字。其实这两个字是极重要的，倘然把它们改了，那么作者的情感就不能表现出来。这两个字是什么字？读者先自己寻一寻看。如寻不出来时，待我再说。

原来第一个是“去”字，第二个是“离”字。因为他是晓起登楼，看见江上的船，因而想起在秣陵的朋友。“去帆”，是说船是往秣陵去的；“离心”，是说离别的情绪。倘然把“去帆”改为“孤帆”、“离心”改为“吾心”，在诗的表面上说，也无所不可，但是作者因见物而思人的情感，完全不能表现出来。换一句话，这首诗就是一首死诗。

又如范成大的《横塘》诗云：

南浦春来绿一川，石桥朱塔两依然。
年年送客横塘路，细雨垂杨系画船。

这首诗中也有四个字，是一般人极容易忽略过，而却又是极重要的。就是“依然”和“年年”四个字。用“年年”两个字，是表明送客不止一次；用“依然”两字，是表明石桥朱塔，老是这个样子，而每一次送客的情绪不同。这中间有许多的世事变迁、朋友聚散的感慨，都靠这四个字表现出来。倘然改作：

南浦春来绿一川，石桥朱塔两巍然。
今朝送客横塘路，细雨垂杨系画船。

这样的改作，在诗的表面上说，也未尝不可以；但是作者的情感不能表现出来，而这首诗也就变成浅薄无聊的诗了。

用字的又一种方法，要使所用的字的确是这个字，而决不是他字所能代替的。例如，从前有人作《早梅》诗云：

昨夜数枝开。

另一个人说道：不如把“数”字改为“一”字，作：

昨夜一枝开。

因为“数枝”不见得是早梅，“一枝”才是早梅。他这话是对的。可见这里非用“一”字不可。就退一步说，“数”字也非不通，然“数”字决不及“一”字好，决不及“一”字有力，更能写出是早梅。

这样同类的例还有两个。杜甫的诗云：

天地一沙鸥。

这是极力描写天地空阔，除了沙鸥之外，旁的东西一无所见的情景。在实际上也不见得只有一只沙鸥，而没有第二只。

倘说“数沙鸥”，也未尝不可。唯“数”字决不及“一”字有力量。倘云：

天地数沙鸥。

可说是一句很坏的诗了。又如杜诗云：

江湖满地一渔翁。

也是一样的“一”字极有力，决不可改作旁的字。

用字的又一种方法，是要使得一个字当几个字用。如此，便不觉得繁冗。比如唐人刘长卿诗云：

洞庭秋水远连天。

又柳宗元诗云：

洞庭春尽水如天。

这两句诗很相像。然柳诗胜于刘诗。因为我们把两句诗比较一下，“春”字相当于“秋”字，“如”字等于“连”字。然柳诗“如天”二字可抵得刘诗“远连天”三字。刘诗“秋水”二字不过是说秋天的水，而柳诗“春尽”稍一停顿，意思是说暮春的时候。那么，暮春时的一切情景，都包含在内，意思比刘长卿的诗要多。所以然的原因，就是把“如天”两个字抵刘长卿的“远连天”三个字。

用字的又一种方法，就是要用这个字可以增加一句诗的好处。例如，我于前几年在雪后散步于某园中，作诗云：

松肢添臃肿。

这里一个“肢”字，有许多人以为是“枝”字的错误。其实不然。用“枝”字只不过普通称松树，用“肢”字是把松树人格化了。所以“肢”字不但是不错，而且比“枝”字要好些。我的下面一句是：

石骨没崚嶒。

“石骨”，也是把石头人格化了。使一切有生无生的东西，都人格化，是修辞学里的一种方法。又称为拟人。所以这两句诗虽然没有多少情感，但是可以说是有修辞的意味。“添臃肿”“没崚嶒”，是写雪后的形景，也不空泛。

又如有一句诗云：

晚潮已没芦花顶。

后来改作：

晚潮渐没芦花顶。

觉得“渐”字比“已”字要好些。因为“已”字说潮水已经浸没芦花顶了，是呆板的情景。“渐”字能写出潮水慢慢地来的情景，越涨越高，渐浸没到芦花顶了，是活泼的情景。所以说“渐”字比“已”字要好。这也可以悟得用字之法。

以上说明用字的方法，所举的例，都是旧诗，我并不是特别地看重旧诗，只因为旧诗比较地讲究用字，所以容易从旧诗中找出例来。我们把这种方法知道得清楚了，对于作新诗一样地有可以供参考的地方，有帮助我们把诗作得更好的地方。

如今再说造句。造句也是和用字一样，方法说不尽的，只好略说一两个以见一斑罢了。

造句的方法之一种，就是要在可能的范围以内，用简便的句法，传达曲折繁复的意思。比如王摩诘的诗云：

解缆君已遥，望君犹伫立。

陈后山的诗云：

风帆目力短。

两人的诗是同样的意思，但是陈后山的诗要比王摩诘的好。因为他的造句的方法好，能用更简单的字，写出同样的意思来。试看他“目力短”三字，岂不是要抵王摩诘“君已遥，望君犹伫立”八个字么?

至如李太白的诗云:

孤帆远影碧空尽,唯见长江天际流。

孟浩然的诗云:

疾风吹征帆,倏尔向空没。

意思都差不多,但都不及陈后山的五个字比较简便老练。

不过,陈后山也有弄僵了的时候。比如白居易的《长恨歌》中有句云:

后宫佳丽三千人,三千宠爱在一身。

陈后山却有诗云:

一身当三千。

这样,从十四个字淘汰成五个字,实在是太过分,弄得僵化了。所以我说陈后山的这种办法有时候也不行。

如今再说一个例。

从前有人本有诗两句云:

到江吴地尽，隔岸越山多。

有人把两句改为一句云：

吴越到江分。

这已经比原来两句好了。又有人改云：

吴越一江分。

比较地为最好。因为“吴越到江分”一句，实在是说完了前面两句的意思，所以比较地算好。然一个“到”字还有问题。是从吴到越呢？还是从越到吴？虽然在文学里说，并不必斤斤于此，然总觉得“到”字不及“一”字包含得广。从吴到越也可以说，从越到吴也可以说。而且“到”字犹有痕迹，不如“一”字浑成。所以比较地以“一”字为最好。

造句的又一种方法，就是要自然，不要勉强。比如陶渊明的：

采菊东篱下，悠然见南山。

是多么自然。又如他的：

微雨从东来，好风与之俱。

又多么自然。看似毫不用力，其实他人用尽了力，也写不出。后来诗人的自然的句子也很多，但终不能超过陶渊明，所以我这里只举陶渊明的诗为例，旁的不多举了。若说前面所讲到的陈后山的诗，他虽然也有他的好处，但是他最大的毛病就是不自然。将他和陶渊明一比，就比渊明差得远了。

造句的又一种方法，也可以说全篇结构的方法，是要全首一气贯通。是全首的好，而不是一字一句的好。这里可先举孟浩然和李太白的诗为例：

孟浩然的《晚泊浔阳望庐山》云：

挂席几千里，名山都未逢。
泊舟浔阳郭，始见香炉峰。
尝读远公传，永怀尘外踪。
东林精舍近，日暮空闻钟。

李太白的《夜泊牛渚怀古》云：

牛渚西江夜，青天无片云。
登舟望秋月，空忆谢将军。
余亦能高咏，斯人不可闻。
明朝挂帆去，枫叶落纷纷。

这样的诗，在唐人诗中是要算顶好的了。但是我们再看一看古诗十九首是怎样，古诗十九首之一首云：

庭中有奇树，绿叶发华滋。
攀条折其荣，将以遗所思。
馨香盈怀袖，路远莫致之。
此物何足贵，但感别经时。

古诗十九首之又一首云：

驱车上东门，遥望郭北墓。
白杨何萧萧，松柏夹广路。
下有陈死人，杳杳即长暮。
潜寐黄泉下，千载永不寤。
浩浩阴阳移，年命如朝露。
人生忽如寄，寿无金石固。
万岁更相送，贤圣莫能度。
服食求神仙，多为药所误。
不如饮美酒，被服纨与素。

像这样的诗，我们把它一句一句分开来看，看不出好处在哪里；但是一气读下去，就觉得它好。只觉得是天生地如此，也不能把它中间随便删改几句。这才是诗的最高的标准。我们现在作诗，无论是作新诗、作旧诗，都希望作到这个样子。

以上关于用字法和造句法，说了这许多的话，但是我在最后再要说一句简单的话：就是所举的例，只好当它是参考的材料看，而不可当它是一定的模型看。

佛经云："所谓佛法者，即非佛法。"又云："法尚应舍，何况非法。"我们在这里也应该说："所谓用字造句法，即非用字造句法。法尚应舍，何况非法。"

我把这话屡次三番地向读者声明，倘然读者仍不听我的话，被我的举例所拘，而遇到窒碍不通处，那是读者自不善读，恕我不负责了。

第三章　杂论

第一节　诗的赏鉴法

赏鉴，就是赏鉴古人的诗，或同时人的诗。诗的赏鉴法，本不在诗的作法范围以内，但是它和作法有密切的关系，所以我们把它在这里连带地说一说。

赏鉴，完全是主观的，只凭我自己的性情和我自己的程度喜欢读何人的诗，就读何人的诗，喜欢读哪一首，就读哪一首。对于我所不喜欢的，或是不能领会的，只管置之不理。

切不可去请教他人，应该读哪一家的诗，应该读哪几首诗。倘然你去请教人，那就没有不上当的。譬如你去请教甲，甲是喜欢读杜诗的，他就劝你读杜诗。你去请教乙，乙是喜欢读陶诗的，他就劝你读陶诗。你去请教丙，丙是读苏诗的，他就劝你读苏诗。此外李义山、黄山谷，以至于吴梅村、袁子才，各人教你去读他自己所喜欢的诗，却不管和你的性情、程度、环境、年龄适宜不适宜。而且各人说的各人的话，你到底信哪一个的话为是？要说不对么？大家都对。他们都是很忠实地把自己所知道的告诉你。要说对么？实在是都不对。因为甲、乙、丙，以至丁、戊……所说的话，都只适宜于他们自己，而不适宜于你。那么，他们的话和你有什么关系呢？

如此说来，赏鉴诗，只凭自己的眼睛去赏鉴，完全不必请教他人。大概必须作者和读者略有相同之点，这首诗才能感动读者，才为读者所喜读。所以我们只管在许多的诗里去乱翻，愈翻得多愈好，倘然发现一首你所喜欢读的诗，它自然会吸引你的目光，吸引你的心情，使你拿在手里舍不得放手。这时你便把它抄录下来，细细地赏鉴。如此一首一首地寻找，一首一首地抄录，等到日子久了，也许你的赏鉴的眼光会改变，那时就照你已经改变了的眼光去赏鉴。

大约改变的原因不外下列三种：

1. 是因为程度的关系。例如，陶渊明的诗太平淡了，如程度过于浅的时候，反领会不到它的好处。但是到后来程度深了，就能领会。这就是你的赏鉴的眼光因程度而改变了。

2. 是环境的关系。例如，杜诗，多半是写的乱离时候的事，倘然你起初是生在太平时代，那就是他的诗和你的环境隔开太远了，你就不能领会他的诗的好处。倘然你一旦遇到乱世，你的环境就和他很相似，你也就会领略他的诗的好处。这是你的赏鉴的眼光因环境而改变了。

3. 是年龄的关系。例如，少年人都喜欢读温庭筠、韩偓等人的艳诗。等到年纪老了，恋爱的时期过去了，便会觉得他们的诗无味，而喜欢读那些饱经世故的人所作的诗。这是你的赏鉴的眼光因年龄而改变了。

以上三种变迁，是常有的事，一点不为奇。只有各个人的性情比较地固定一点，虽然也略有变迁，但是所变的不多。

总之，我们照着自己的性情、程度、环境、年龄去寻我们所爱读的诗，这是赏鉴的唯一的方法。

好在诗的作品每首都是独立的，我们任便从一本诗集的中间，抽出任何一首来，都可以的。并不必要如读科学书一般，要挨着次序去读，第一页没有读过，不能读第二页；第一行没有读过，不能读第二行。

赏鉴诗的时候，也不是像读科学书一般的，可以按着规定的时候去读。我们把诗本子放在身边，随便什么时候都可以读。吃过饭休息的时候，坐在电车上的时候，夜里睡觉之前，早晨睡在床上还没有起身的时候，都是可以随便读的。而总要觉得有兴趣才好。倘然没有兴趣时，就可以丢了诗本不要读。

第二节　诗的读法

这里所说的诗的读法，和诗的赏鉴法有些不同。所谓诗的读法的范围很小，就是指着把一首诗一字一字地读出来。

旁的书只要看看就够了，唯有诗要读。因为诗的音节不读不能领会的。

我们读诗时，要使得读者几乎与作者同化了，才能把作者的情感细细地领会到，才能把原有的音节读出来。然也因为要细细地读出音节来，才能体会得到作者的情感，才能和作者同化。这可说是互相为因、互相为果的。总之，无论如何，只看不读，是不行的。

诗的音节，大概是没有固定的形式可以指示的。但是，在旧诗中的五七言律诗和五七言绝诗中，每句停顿的地方，是可以说出来的。现在说明如下：

1. 凡是律诗或绝诗，每句遇着第二字或第四字，是平声，那里就可以停顿一下，然后再往下读。

2. 遇着不拘平仄声的律诗或绝诗，那是例外。

3. 不问文字能断不能断，只以声音为标准，不管文字的意义。现在再举例如下（凡是用/记号的，是表明应该停顿的地方）：

对雪

杜甫

战哭多新/鬼，愁吟/独老翁。

乱云/低薄暮，急雪舞回/风。

瓢弃尊无/绿，炉存/火似红。

数州/消息断，愁坐正书/空。

新年

刘长卿

乡心/新岁切，天畔独潸/然。
老至居人/下，春归/在客先。
岭猿/同旦暮，江柳共风/烟。
已似长沙/傅，从今/又几年。

九日蓝田崔氏庄

杜甫

老去悲秋/强自宽，兴来/今日尽君欢。
羞将/短发还吹帽，笑倩旁人/为正冠。
蓝水远从/千涧落，玉山/高并两峰寒。
明年/此会知谁健？醉把茱萸/仔细看。

闲意

陆游

柴门/虽设不曾开，为怕人行/损绿苔。
妍日渐催/春意动，好风/时卷市声来。
学经/妻问生疏字，尝酒儿斟/潋滟杯。
安得小园/宽半亩，黄梅/绿李一时栽。

西过渭州见渭水思秦川

岑参

渭水东流/去，何时/到雍州？

凭添/两行泪，寄向故园/流。

剑门道中遇微雨

陆游

衣上征尘/杂酒痕，远游/无处不消魂。

此身/合是诗人未？细雨骑驴/入剑门。

我们要这样地读，才自然；不是这样地读，便不自然。我们试把陆游的《剑门道中遇微雨》照下面的读法读一读，看是怎样：

衣上/征尘杂酒痕，远游无处不消/魂。

此身合是诗人/未？细雨/骑驴入剑门。

我们这样地读，总觉得不自然。这一首诗是如此，其他各首都是如此。但是律诗或绝句诗本来不拘平仄声的，那是例外。如下面一首便是：

黄鹤楼送孟浩然之广陵

李白

故人西辞黄鹤楼，烟花三月下扬州。

孤帆远影碧空尽，唯见长江天际流。

这首诗的第一句和第三句，都是本来不拘平仄声的。所以我们规定的读法是不适用的。这一类的诗也很多。我们认为例外。

倘然在我们规定的方法适用时，遇到在文字上不应该断，而在读法上应该停时也要停。比如下面一首便是：

赠刘景文

苏轼

荷尽已无擎雨盖，菊残犹有傲霜枝。
一年好景君须记，正是橙黄橘绿时。

这里照文字说，“一年好景”四字是相连的，不能断的。“橙黄橘绿”也是相连的，是不能断的。但是照我们的读法读起来，应读作：

一年/好景君须记，
正是橙黄/橘绿时。

又如前面所引的刘长卿的《新年》诗“已似长沙傅”，原来照文字说，“长沙傅”三字是不能割断的，然我们读的时候却要在“沙”字停。陆游的《闲意》诗，“黄梅绿李一时栽”，在文字上说，“黄梅绿李”四字也是相连的，但是我们读的时候，却要在“梅”字停。这都是很好的例。

第三节　四戒之一

从前论旧诗的人，往往有所顾忌，如忌什么，忌什么。现在谈新诗的人，也往往提出戒约，如戒什么，戒什么。大概谈旧诗所忌的，正和谈新诗所戒的相反。譬如旧诗忌“俗”，新诗却要戒“雅”，就是一个例。我在这里也提出四条戒约。这四条戒约，是不管作新诗作旧诗都要守的。

第一，就是戒做“诗贼”。所谓“诗贼”，就是偷窃他人的诗，算是自己的诗。偷又有明偷暗偷的分别。明偷就是抄袭，不必再加说明。暗偷就是取他人的大意，改头换面，称为自己的作品。例如，元人所作《江州庾楼》诗，多少就有一点偷窃的嫌疑。那首诗云：

宿鸟归天尽，浮云薄暮开。
淮山青数点，不肯过江来。

我们再看一看李白的《独坐敬亭山》诗是怎样：

众鸟高飞尽，孤云独去闲。
相看两不厌，只有敬亭山。

大约作《江州庾楼》诗的人，先读了李白的《独坐敬亭山》诗，爱了他的格调，有心要偷窃的，所以前两句可以说完全是抄袭来的，全诗的格调也有几分像李白。初读一遍，觉得很好。但是仔细一看，就看出毛病来。为什么呢？我们先把李白的诗翻译出现代语来看：

许多的鸟儿都飞完了，
一片云也慢慢地走过去了。
这里只剩着我和敬亭山，
彼此相对着不觉得可厌。

前面的“都飞完了”“走过去了”，和下面的“只有”二字是连贯的。我们再看《江州庾楼》诗：“鸟儿飞完了”“云开了”和“淮山不肯过江”不贯通。这样看来，改头换面的破绽就露出来了。我们从这种地方去看，凡是偷来的诗，很容易被我们看出来的。

现在我要郑重地声明：我不是向元人追出贼赃，归还李白，我只不过举此为例，警诫后人罢了。

第四节　四戒之二

第二，是戒做“诗奴”。所谓“诗奴”，是自己不能创造，只知摹仿他人。人家笑，他也笑；人家哭，他也哭，以至于一举一动，都照着人家的样。却不知“东施效颦”，徒然成了笑话。这一类的作品在旧诗里是极多。例如，《将进酒》《行路难》《长歌行》《自君之出矣》《采莲曲》等众多古代的乐府，被后人摹仿滥了。自从刘禹锡作《竹枝词》之后，不知有多少《竹枝词》；自从王建作《宫词》之后，不知有多少《宫词》；自从招子庸作《粤讴》之后，不知有多少《粤讴》。还有许多“拟陶”“拟杜”“拟唐”“拟宋”“拟某某”，作者不以为非，反以为是。这是旧诗作者的一个缺点，而曾受新诗作者的痛骂的。但是新诗作者往往于无形中还是患了这个毛病。所以这一点非痛改不可。

第五节　四戒之三

第三，是戒做“诗匠”。所谓“诗匠”，是钩心斗角，造出巧妙的句子来，想出巧妙的意思来，毕竟不能算是文学作品。这一类的作品在旧诗中是极多的。例如，《咏蛱蝶》限用“船”字韵云：

随向卖花人上船。

又如《咏鸡冠花》云：

只为五更贪报晓，至今戴却满头霜。

又如《咏橘灯》云：

映雪囊萤未足奇，请看朱橘代青藜。

我来不敢高声读，恐有仙人夜赌棋。

又有一个故事。说是有一富人，似通非通，却喜欢作诗，一天在席上，作诗一句云："柳絮飞来片片红。"当时四座大笑，问柳絮为什么有红的？那时富人无话可答。幸亏他的一个门客，有小聪明，立刻代他答道："诸君且慢笑。还有上句哩！"于是便读上句云："夕阳返照桃花路。"众人闻言，才不敢说什么。

像这样的作诗，全是弄一点小聪明。说它容易，却也不容易；说它是好诗，实在不能说。这样的作诗，只好算他是"诗匠"。"诗匠"在新诗界里幸喜还没有。但也不可不视为戒约之一。

第六节　四戒之四

第四，是戒为"诗优"。所谓"诗优"，就是指那些专作应酬诗的人而言。这一类的作者好像是军乐队，无论婚丧各事，都用得着，他们所吹的，无非是几个老调。作应酬诗的也是如此。这在旧诗里是很多的，而在新诗里也不能全免。我们当视为戒约，不可轻作。

再有专为着供给人家娱乐而作的，虽然脱去老调，花样翻新，然也不可作，也是所谓"诗优"。

其实，上面的四条戒约，也可并成一条。就是：

不要有意作诗。因为诗是真情的流露，须有所感触，真情不得不流露而后作。倘然无所感触，就可以不作。

能守这一条戒约，以前四条就不守而自守了。不过这话好像是笼统一点，所以我还是先把那四条说一说，然后再说这一条，比较地更明白些。

好了，所谓诗的作法已经讲完了。后面再附一个旧的诗话的目录，或者可以供给读者一点参考吧。

第四章　旧诗话的目录

中国古代关于诗学原理、诗歌史及作诗法的话，大概都包括在所谓“诗话”里。诗话的好处就是有许多是原作人心得的话，可以供我们参考。诗话的短处就是零零碎碎，没有系统，而且有用的和没用的夹在一起，很不容易分别。所以只能当是材料看，不能当是有组织有系统的书看。现在把我所知道的书目列在下面，并先写几条说明如下：

1. 关于诗话，本来已有过《历代诗话》等三部集成的书，现在就先把这三部书中的详细目录开在这里。只要备了这三部书，可以抵得那些单行本的诗话一百种。

2. 为这三部所未收的，也有许多。现在据我所知的，再把它开在下面。比如《诗话总龟》以下的书就是。

3. 我开这个目录，并不是希望读者必须找这些书去看，只不过以为能看更好，且必须先有了新的关于诗学的知识然后去看，才不至于走错路。

历代诗话二十七种（清乾隆三十五年嘉善何文焕辑刊）

书名	成书年代	作者
《诗品》（一卷）	梁	钟嵘
《诗式》（一卷）	唐	皎然
《二十四诗品》（一卷）	唐	司空图
《全唐诗话》（六卷）	宋	尤袤
《六一诗话》（一卷）	宋	欧阳修
《续诗话》（一卷）	宋	司马光
《中山诗话》（一卷）	宋	刘攽
《后山诗话》（一卷）	宋	陈师道
《临汉隐居诗话》（一卷）	宋	魏泰
《竹坡诗话》（一卷）	宋	周紫芝
《紫薇诗话》（一卷）	宋	吕本中
《彦周诗话》（一卷）	宋	许顗
《石林诗话》（三卷）	宋	叶梦得
《唐子西文录》（一卷）	宋	强幼安
《珊瑚钩诗话》（三卷）	宋	张表臣
《韵语阳秋》（二十卷）	宋	葛立方
《二老堂诗话》（一卷）	宋	周必大
《白石道人诗说》（一卷）	宋	姜夔

《沧浪诗话》（一卷）	宋	严羽
《山房随笔》（一卷）	元	蒋正子
《诗法家数》（一卷）	元	杨载
《木天禁语》（一卷）	元	范梈
《诗学禁脔》（一卷）	元	范梈
《谈艺录》（一卷）	明	徐祯卿
《艺圃撷余》（一卷）	明	王世懋
《存余堂诗话》（一卷）	明	朱承爵
《夷白斋诗话》（一卷）	明	顾元庆
《历代诗话考索》（一卷）	清	何文焕

（以上《历代诗话》终）

历代诗话续编三十种（现代无锡丁福保辑刊）

《本事诗》（一卷）	唐	孟棨
《乐府古题要解》（二卷）	唐	吴兢
《诗人主客图》（一卷）	唐	张为
《风骚旨格》（一卷）	唐	齐己
《观林诗话》（二卷）	宋	吴聿
《诚斋诗话》（一卷）	宋	杨万里
《庚溪诗话》（二卷）	宋	陈肖岩
《草堂诗话》（二卷）	宋	蔡梦弼
《优古堂诗话》（一卷）	宋	吴开
《艇斋诗话》（一卷）	宋	曾季狸
《藏海诗话》（一卷）	宋	吴可

《碧溪诗话》（十卷）	宋	黄彻
《对床夜语》（五卷）	宋	范晞文
《岁寒堂诗话》（二卷）	宋	张戒
《江西诗派小序》（一卷）	宋	刘克庄
《娱书堂诗话》（一卷）	宋	赵与虤
《滹南诗话》（三卷）	金	王若虚
《梅硐诗话》（三卷）	元	韦居安
《吴礼部诗话》（一卷）	元	吴师道
《诗谱》（一卷）	元	陈绎曾
《升庵诗话》（十四卷）	明	杨慎
《艺苑卮言》（八卷）	明	王世贞
《国雅品》（一卷）	明	顾起纶
《四溟诗话》（四卷）	明	谢榛
《归田诗话》（三卷）	明	瞿佑
《逸老堂诗话》（二卷）	明	俞弁
《南濠诗话》（一卷）	明	都穆
《怀麓堂诗话》（一卷）	明	李东阳
《诗镜总论》（一卷）	明	陆时雍
《挥麈诗话》（一卷）	明	王兆云

（以上续《历代诗话》终）

清诗话四十三种（现代无锡丁福保辑刊）

书名	作者
《姜斋诗话》（二卷）	王夫之

《答万季野诗问》（一卷）	吴乔
《钝吟杂录》（一卷）	冯班
《江西诗社宗派图录》	张泰来
《梅村诗话》（一卷）	吴伟业
《寒厅诗话》（一卷）	顾嗣立
《茗香诗论》（一卷）	宋大樽
《律诗定体》（一卷）	王士禛
《燃灯记闻》（一卷）	何世瑾（述）
《师友诗传录》（一卷）	王士禛（答）
《师友诗传续录》（一卷）	王士禛（答）
《渔洋诗话》（三卷）	王士禛
《王文简古诗平仄论》	翁方纲
《赵秋谷所传声调谱》	翁方纲
《五言诗平仄举隅》	翁方纲
《七言诗平仄举隅》	翁方纲
《七言诗三昧举隅》	翁方纲
《谈龙录》（一卷）	赵执信
《声调谱》（一卷）	赵执信
《声调谱拾遗》（一卷）	翟翚
《蠖斋诗话》（二卷）	施闰章
《漫堂说诗》（一卷）	宋荦
《而庵诗话》（一卷）	徐增
《诗学纂闻》（一卷）	汪师韩

《莲坡诗话》（一卷）	查为仁
《说诗晬语》（二卷）	沈德潜
《原诗》（一卷）	叶燮
《全唐诗话续编》（二卷）	孙涛
《一瓢诗话》（一卷）	薛雪
《拜经楼诗话》（四卷）	吴骞
《唐音审体》（一卷）	钱良择
《辽诗话》（一卷）	周春
《秋窗随笔》（一卷）	马位
《野鸿诗的》（一卷）	黄子云
《履园谭诗》（一卷）	钱泳
《说诗菅蒯》（一卷）	吴雷发
《秋星阁诗话》（一卷）	李沂
《贞一斋诗说》（一卷）	李重华
《汉诗总说》（一卷）	费锡璜
《山静居诗话》（一卷）	方薰
《岘佣说诗》（一卷）	施补华
《消寒诗话》（一卷）	秦朝纡
《续诗品》（一卷）	袁枚

（以上《清诗话》终）

（附记）日本人辑有《萤雪轩丛书》一部，其中也都是诗话（我国人作的），共计十册，但所有的各书，不出上列三部书的范围，故细目不再列。

《诗话总龟》前后集共九十八卷，宋阮阅撰。（《四部丛刊》影明嘉靖刊本）

《苕溪渔隐丛话》前集六十卷后集四十卷，宋胡仔撰。（海山仙馆本）

《诗人玉屑》二十卷，宋魏庆之撰。（明刊本石印本，错字太多）

（附记）《四库总目》道："宋人喜为诗话，裒集成编者至多，传于今者，惟阮阅《诗话总龟》、蔡正孙《诗林广记》、胡仔《苕溪渔隐丛话》，及庆之是编，卷帙为富。然《总龟》芜杂、《广记》挂漏，均不及胡、魏两家之书。仔书作于高宗时，所录北宋人语为多，庆之书作于度宗时，所录南宋人语较备：二书相辅，宋人论诗之概亦略具矣。"

书名	成书年代	作者
《诗林广记》（前集十卷、后集十卷）	宋	蔡正孙/撰（明仿宋本）
《颐山诗话》（二卷）	明	安磐/撰（旧刑本）
《唐音统签》（三十三卷）	明	胡震亨/撰（清康熙戊戌江阴刊本）
《诗薮》（二十卷）	明	胡应麟/撰（明刊本《少室山房笔丛附本》）

《琼台诗话》 明 蒋冕／撰（明刊本）
《诗话》（十卷） 明 杨成玉／撰（明刊本）
《余冬诗话》（二卷） 明 何孟春／撰（程晋芳藏本）
《梦蕉诗话》（二卷） 明 游潜／撰（程氏藏本）
《渚山堂诗话》（三卷） 明 陈霆／撰（天一阁藏本）
《诗谈》（一卷） 明 徐泰／撰（程氏藏本）
《过庭诗话》（二卷） 明 刘世伟／撰（天一阁藏本）
《冰川诗式》（十卷） 明 梁桥／撰（明刊本）
《豫章诗话》（六卷） 明 郭子章／撰（明刊本）
《玉笥诗谈》（四卷） 明 朱孟震／撰（程氏藏本）
《恬志堂诗话》（三卷） 明 李日华／撰（程氏藏本）
《佘山诗话》（三卷） 明 陈继儒／撰（程氏藏本）
《藕居士诗话》（二卷） 明 陈懋仁／撰（鲍廷博藏本）
《历代诗话》（八十卷） 清 吴景旭／撰(吴兴嘉业堂刊本)

附记：此书与何氏《历代诗话》不同。何书为丛书性质，此则为类书性质。采集古今诗话说部，分为十集以归纳之。甲集六卷，都是论《诗经》的；乙集六卷，都是论《楚辞》的；丙集九卷，都是论赋的；丁集六卷，都是论古乐府的；戊集六卷，论汉、魏、六朝的诗；己集十二卷，论杜甫的诗（其中后三卷是杜陵谱系）；庚集九卷，论唐诗；辛集七卷，论宋诗；壬集十卷，论金、元的诗；癸集九卷，论明诗。搜罗甚博，可上继《苕溪渔隐丛话》。

书名	成书年代	作者
《带经堂诗话》(三十一卷)	清	王士禛/撰(原刊本)
《五代诗话》(十二卷)	清	王士禛/撰(旧刊本)
《五代诗话》(十卷)	清	郑方坤/撰(原刊本)
《杜诗偶评》(四卷)	清	沈德潜/撰(旧刊本)
《养一斋诗话》(十卷)	清	潘德舆/撰(清同治刊本)
《养一斋李杜诗话》(三卷)	清	潘德舆/撰(清同治刊本)
《石洲诗话》(八卷)	清	翁方纲/撰(清嘉庆二十年刊本)
《北江诗话》(十卷)	清	洪亮吉/撰(旧刊本)
《瓯北诗话》(十二卷)	清	赵翼/撰(旧刊本)
《雨村诗话》(二十二卷)	清	李调元/撰(旧刊本)
《随园诗话》(正、续二十六卷)	清	袁枚/撰(通行本)
《明人诗品》(二卷)	清	杜荫堂/撰(小石山房刊本)
《诗筏》(一卷)	清	贺贻孙/撰(嘉业堂刊本)
《吴兴诗话》(十六卷)	清	戴璐/撰(嘉业堂刊本)
《雪桥诗话》(四十卷)	清	杨宗羲/撰(通行本)
《昭昧詹言》(二十二卷)	清	方东树/撰(通行本)
《缉雅堂诗话》(二卷)	清	潘衍桐/撰(通行本)
《通斋诗话》(十二卷)	清	蒋超伯/撰(宜秋馆刊本)
《榕城诗话》(三卷)	清	杭世骏/撰(杭氏七种本)
《西河诗话》(八卷)	清	毛奇龄/撰(《西河全集》本)
《耐冷谭诗话》(十六卷)	清	宋咸熙/撰(旧刊本)
《月山诗话》(一卷)	清	恒仁/撰(《艺海珠尘》本)

《三唐诗品》(三卷)　　清　宋育仁/撰(通行本)

《杜诗话》(五卷)　　清　刘凤诰/撰(《存悔斋集》二十四至二十八)

《绿天香雪簃诗话》(八卷)　　清　袁祖光/撰(晨风阁刊本)

《越缦堂诗话》(六卷)　　清　李慈铭/撰　蒋瑞藻/辑(商务刊本)

《习静斋诗话》(二卷)　　近人　方廷楷/撰(铅印本)

《续杜工部诗话》(一卷)　　近人　蒋瑞藻/撰(原刊本)

《冷禅室诗话》(一卷)　　近人　海纳川/撰(近日石印本)

《在山泉诗话》(四卷)　　近人　潘飞声/撰(铅印本)

《平等阁诗话》(二卷)　　近人　狄葆贤/撰(有正书局刊本)

《石遗室诗话》(三十二卷)　　近人　陈衍/撰(商务刊本)

《合肥诗话》(三卷)　　近人　李家孚/撰(家刊本)